子どもからはじまる 保育の世界

浅見佳子　瀬川千津子　宮里暁美　横山草介

北樹出版

はじめに

　多くの保育者は、保育は「子どもからはじまる」ものであり、子どもが創り出す世界をともに味わうものであるという考えのもとで実践を営んでいます。
　しかし、ふと気がつくと、「子どもからはじまる保育」と言いながら、「これをもっとやり続けたいんだ」という子どもの思いや、「こういうことをやってみたい」という子どもの思いは脇に置かれ、保育者がさせたいことや、できるようになってほしいことを優先した保育が行われていることが少なくないように思います。私自身の保育経験を振り返った時にも、知らず知らずのうちに、「子どもから」始まったはずのことが、保育者主導の活動になってしまっていた、ということがあったように思います。
　そこで本書では、誰もが理解しているであろう保育の原点にもう一度目を向け、子どもが「できるようになる」ことを急がせるのではなく、子ども１人ひとりが本当に実現したいことは何なのか、子どもたちが自己実現できるような生活を保障していく保育の在り方とはどういうものなのかについて改めて考えていきます。
　実践者だからこそ語れる子どもの姿、実践者だからこそ語るべき現場の姿を丁寧に捉え、実際の現場で起きていることを大事にしながら、「子どもからはじまる保育」について考えていきたいと思います。
　第１章では、子どもからはじまる保育の思想について、幾人かの先人の言葉や考え方から学んでいきます。第２章では、子ども一人ひとりの姿をどのように読み取り、どのようにして保育を構想していくのかということについて学ん

でいきます。第3章では、子どもが自ら育とうとする姿を保育者集団がどのように援助し、支えていくのかについて学んでいきます。第4章では、子どもと保護者がともに輝く子育て支援の在り方とはどのようなものなのかについて学んでいきます。

　各章には、日々の実践がどんどん面白くなっていく、ワクワクする保育にしていくためのヒントが沢山散りばめられています。もちろん、本書で紹介される実践だけが正しいなどというつもりはありません。本書で紹介されている事例を通して、お一人お一人がご自身の保育の中で大切にしたいと思うことについて考え、その大切にしたい保育を子どもと一緒に大切に育んでいっていただきたいと思います。

　子どもが自ら育とうとする力を信頼し支える保育とは何かを問い続け、その子どもの世界をともに味わい楽しめる保育者になることを目指すことが、真の保育者に近づく第一歩になるということを私たち著者は信じています。本書を通して、子どもの素晴らしさや、保育の面白さ、奥深さ、難しさなどをともに味わい、保育者としての道を歩んでいく時、本書があなたの保育を支える一助となれば幸いに思います。

　本書の執筆にあたっては、子どもたちや現場の先生方をはじめ、園にかかわるみなさまに、たくさんのご協力をいただきました。執筆者を代表して心より感謝申し上げます。

　すてきなカバー表紙の絵を描いてくださった横山史さんに心より感謝申し上げます。

　最後に本書の構想の段階から親身に相談にのっていただき、困った時にはすぐにきめ細かなご対応をしてくださった北樹出版の木村慎也さんに心から感謝申し上げます。

2018年3月　浅見　佳子

目　次

第1章　子どもからはじまる保育の思想　　　　　　　　　10

第1節　ヤーコプ・フォン・ユクスキュルの「環世界論」 ……………… 10

第2節　子どもの「環世界」と倉橋惣三の保育論 ………………………… 13

第3節　子どもの「環世界」に触れる ……………………………………… 19

第4節　ヴァスデヴィ・レディと、他者理解に向けた「二人称的アプローチ」……… 25

第5節　佐伯胖のドーナッツ論と文化的実践論 ………………………… 32

第6節　子どもからはじまる保育の思想 ………………………………… 36

第2章　子どもからはじまる保育の実践　　　　　　　　　40

第1節　保育実践の考え方 …………………………………………………… 40

第2節　子どもがはじめることを大切にする …………………………… 42

　1．あそびのはじまりに着目した保育実践　43

　2．わからないまま肯定的に持ちこたえる　50

第3節　子どものあそびの広がりと変化 ………………………………… 52

　1．あそびの広がりに着目した保育実践　52

　　（1）あそびの進展を考える　（2）あそびの広がりを見守る　（3）好奇心に応答する

5

2. 実践をふりかえる　59

第4節　子どもからはじまる保育実践とは　⋯⋯⋯⋯⋯⋯⋯⋯⋯⋯⋯⋯⋯　62

（コラム1）子どもからはじまる保育実践の創造のために　65

第3章　子どもからはじまる保育へのまなざし　67

第1節　子どもの育ちを支える保育者のまなざし　⋯⋯⋯⋯⋯⋯⋯⋯⋯⋯　67

　1. 育ちを支えるということ　68

　2. 子どもの世界に目を向ける　71

　3.「私」のまなざしを持つ　72

　4.「あなた」のまなざしに目を向ける　74

第2節　佐伯のまなざし論を通して現場を考える　⋯⋯⋯⋯⋯⋯⋯⋯⋯⋯　76

　1. 現場の中で養われる専門家としてのまなざし　77

　2. 3つのまなざし「観察するまなざし」「向かい合うまなざし」「横並びの
　　まなざし」　78

　　（1）横並びのまなざし　（2）「ともに」のまなざし　（3）「観察するまなざし」
　　から「横並びのまなざし」へ

第3節　子どもからはじまる「ともに」の保育　⋯⋯⋯⋯⋯⋯⋯⋯⋯⋯⋯　83

　1. 子どもの姿を語り合う　86

　2. 自分の保育を語る難しさ　87

　3. 語りを通した気づき　89

　4. 私たちの新たな保育実践に向けて　91

（コラム2）"子どもとともに、同僚とともに"　95

（コラム3）"お掃除タイムから始まる「ともに」の保育"　96

第4章　子どもからはじまる子育ての支援〜子も親も生き生きと輝く〜　98

第1節　子育ての支援とは何か　⋯⋯⋯⋯⋯⋯⋯⋯⋯⋯⋯⋯⋯⋯⋯⋯⋯⋯　98

　1. あるお母さんとの出会いから思うこと　98

　2.「支援」と「応援」そして「子育て支援」　99

　3. 幼稚園教育要領等の中にある「子育て支援」「子育ての支援」　100

第2節　子育ての現状と親の不安　⋯⋯⋯⋯⋯⋯⋯⋯⋯⋯⋯⋯⋯⋯⋯⋯⋯　102

1．子育ての現状と親の不安　102

　　（1）仕事と子育てを両立しようとしている親の不安　（2）家庭で子育てをしている親の不安　（3）子どもの育ちに関する不安　（4）子どもの将来に対する漠然とした不安　（5）不安の中にある子育て

　2．子育ての希望を生み出す「子ども・子育て支援新制度」　105

　　（1）少子化という重大な課題　（2）「子ども・子育て支援新制度」の誕生

第3節　子育て支援の実践例——在園児保護者対象の子育て支援　……………108

　1．情報の発信と受信　109

　　（1）玄関は情報が行きかう場所　（2）保育の物語を伝えるクラス掲示（ドキュメンテーション）　（3）子どもの成長を確かめ合う記録（ポートフォリオ）

　2．ワクワクデーという可能性　112

　　（1）あそび心が大人をつなぐ　（2）いろいろなワクワクデー　（3）参加から参画へ

　3．親と職員がともに創り上げた夏祭り　114

第4節　子育て支援の実践例——地域の親子を対象とした子育て支援　…………116

　1．はじめに　116

　2．子育て支援事業の全体像　116

　3．親子ひろば〈おちゃっこひろば〉の実践　117

　　（1）おちゃっこひろばの実際　（2）てんとうむしひろば（0歳児：6〜8組）の様子と運営上の配慮や援助　（3）ちょうちょひろば（1、2歳児：8〜10組）の様子と運営上の配慮や援助

第5節　親も子も生き生き輝く子育て支援のポイント　………………124

第5章　子どもからはじまる保育への夢　　127

第1節　はじめに　………………………………………………………127

第2節　子どもからはじまる保育への夢　………………………………128

　1．子どもとの出会い　128

　2．子どもの思いを受けとめる　130

　3．子どもは子どもから学んでいる　131

　4．育ちの主体は子ども　132

　5．保育者と子どもの双方向の関係性　134

　6．子どもの成長に寄り添うということ　137

第3節　倉橋惣三の「育ての心」　………………………………………139

子どもからはじまる保育の世界

chapter 01 | 子どもからはじまる保育の思想

横山　草介

第1節　ヤーコプ・フォン・ユクスキュルの「環世界論」

　春、太陽の光が降りそそぐ天気のよい日に、草花の咲き乱れる野原をゆっくりと散歩している様子を思い浮かべてみましょう。足下に目をやると、アリが列をなし、石の陰ではダンゴムシが動いています。花にはミツバチが留まり、あちらこちらにチョウが舞っています。草の上ではテントウムシが身を休め、大きなバッタがその上を飛び越えていきます。時折、ムクドリが群でやってきては辺りをついばみ、また、飛び去っていきます。

　さて、私たちが野原で出会った動物たちの周りに、それぞれ1つずつのシャボン玉の姿を思い描いてみましょう。そして、それぞれの動物たちが身にまとったシャボン玉の中は、それぞれの動物に固有の意味で満たされているというイメージを持ってみましょう。

　ドイツの生物学者ヤーコプ・フォン・ユクスキュル（1864-1944）は、『動物と人間の環世界への散歩』（邦題は『生物から見た世界』）と題した本の冒頭で、自身が主張する「環世界」論に読者を誘うのに、こんなたとえ話を使いました。

　ユクスキュルは、人間を含むあらゆる動物は、自らの身体に備えられた感覚

器官を通して外界を知覚し、また、自らの身体に備えられた運動器官を通して外界に働きかけていると考えました。そして、動物たちのさまざまな振舞いの中心には、外界を探索し、外界に働きかけようとする行為主体としての動物の姿があると主張しました。

　彼の生きた時代には、このような考え方は珍しいものでした。というのも、あらゆる動物の行動は外界からの特定の刺激に対する反応にすぎないとする考え方が勢いを持っていたからです。言い換えれば、あらゆる動物の行動はよくできた機械仕掛けのようなもので、ある命令を入力すれば、それに応じて決まった反応が出力されるにすぎないものと考えられていたのです。

　ですから、動物がそれぞれに固有の意味の世界を持っており、それぞれのやり方で自分の世界に働きかけている、などといった考え方は当世の学問世界ではおおよそ受け入れられ難いものだったと考えられます。

　それでも彼は、生き物はみな、それぞれに固有の意味の世界の中を生きているのだと主張しました。こうしたアイディアを形にしたものが彼の「環世界」論と呼ばれる考え方です。ユクスキュルは、動物が自らの感覚器官を通して知覚したものからその動物の「知覚世界」が構成されると考えました。また、動物が自らの運動器官を通して働きかけたものから、その動物の「作用世界」が構成されると考えました。そして、「知覚世界」と「作用世界」の両方が結びあって、その動物の「環世界」を構成するのだと主張しました。個々の動物が探索し、働きかけることによって構成されるこの環－空間をユクスキュルは、シャボン玉にたとえたのです。

　さて、シャボン玉にたとえられる「環世界」のかたちや大きさは、個々の動物によって異なり、不思議な多様性を持った世界として描き出されます。そして、ユクスキュルの議論に従えば、私たち人間もまた、一人ひとりが自分自身の「環世界」を作りあげ、その中を生きていると考えることができます。

　ただし、ユクスキュルはこの本の中で私たち人間が作りあげた「環世界」はいったん脇においておくように言います。そして、さまざまな動物たちの作りあげる「環世界」の中に出向いて行って、世界を見直してみるように読者に訴

第 1 節　ヤーコプ・フォン・ユクスキュルの「環世界論」

えかけます。言い換えれば、人間の視野は脇において、さまざまな動物の視野で世界を見直してみるように読者を誘います。彼は、人間を中心に据える世界観から抜け出した先には、実に豊かで美しい世界が広がっていると言います。

ユクスキュルがこのような考え方を熱心に主張したのはなぜでしょうか。そこには、上に述べたように人間を中心に据えた考え方に対する批判的なまなざしがあります。私たちはともすると、自分たちの持っている使い慣れたモノサシだけで、世界の寸法を測ろうとしてしまいます。世界は私たちが認識しているものが唯一のもので、他の生き物たちは、私たちの世界の中に間借りして住み込んでいるのだ、という考え方にとらわれてしまいます。ユクスキュルはこのような考え方を厳しく批判します。

> われわれはともすれば、人間以外の主体とその環世界の事物との関係が、われわれ人間と人間世界の事物とを結びつけている関係と同じ空間、同じ時間に生じるという幻想にとらわれがちである。この幻想は、世界は一つしかなく、そこにあらゆる生物がつめこまれている、という信念によって培われている（ユクスキュル & クリサート、2005、pp. 28-29）。

ユクスキュルはこのような考え方は幻想だと言います。そして、それぞれの生き物は、それぞれの生き物に固有の意味で満たされた「環世界」を持っているのであって、それらを越えてすべてを包み込む唯一の世界といったものが存在するわけではない、と主張するのです。

ユクスキュルのこの考え方は、「子どもからはじまる保育の世界」という主題を考えていこうとする私たちに1つの方向性を示してくれます。

たとえば、一人ひとりの子どもは、それぞれの子どもに固有の意味で満たされた世界を作りあげているのであり、それを越えて、すべてを包み込む唯一普遍の世界が存在するわけではない、と考えてみたらどうでしょうか。

自分が見ている世界と、目の前の子どもが見ている世界とは、同じ1つの世界に違いないという考え方を脇において、自分の世界の中で意味や価値のある

ことと、目の前の子どもの世界の中で意味や価値のあることとは、まったく異なるという考え方を土台においてみたらどうでしょうか。

私はこの章で、ユクスキュルの「環世界」論を1つの道標にして「子どもからはじまる保育の思想」という主題を考えていきたいと思います。言うなれば、ユクスキュルの「環世界」論にならって「子どもの環世界への散歩」という視点から、1つの保育論を展開してみたいと思います。

第2節　子どもの「環世界」と倉橋惣三の保育論

「子どもの環世界への散歩」という視点から1つの保育論を展開してみようと考えた時に、どうしても思い起こさずにはいられない文章があります。それは、わが国の幼児教育、保育研究の1つの礎を築いたともいえる倉橋惣三が、自らの保育に対する信条を表した『幼稚園真諦』の中に書き留めた文章です。それは次のような文章です。

> 幼児たちを呼び寄せるのでなく、幼児が自分たちで集って遊んでいるところへ出かけて行かれると考えてみましょう。あの椎の木の陰に子供が集って遊んでいる。あの芝生に子供が集って遊んでいる。そこへ、あなたの方から出かけて行く。あるいは子供の家の子供部屋へ立ち寄り、日当りよい縁側へ腰をかけさせてもらい、というふうに、子供の生活しているところへ教育をもって出かけて行くとしましょう。そうしたら、随所に子供の真の生活形態のままで、教育をなさることが出来るわけです（倉橋、1976a、p. 25）。

現代を生きる私たちに馴染みの感覚から言えば、子どもたちの方が園や学校へ通ってくるのであって、保育士や教師の方が子どもたちのもとに出掛けていくのではありません。子どもたちはめいめいの家庭や、コミュニティの中で日々の生活を送っているわけですが、園や学校に通ってきたならば、そこでの約束事があり、やるべきことがある程度は決まっているわけです。習い事のこ

となども考えあわせれば、これは園や学校に限ったことではないかもしれませんが、ここで言いたいことは、子どもたちはそれぞれの生活スタイルを、保育や教育の現場に持ち込んでくるということです。

一方、保育や教育の現場では、子どもたちそれぞれの生活の現実は認めるけれども、それらはいったん脇において、その年、その月、その週、その日の保育計画や教育計画に照らして、子どもたちの保育や教育にあたります。

しかし倉橋は、それは「何だか変だ」と言うのです。何が変かというと、子どもの保育や教育について、あらかじめ決まった枠組みのあるところに子どもたちを呼び込んできて、すでにパッケージになっているようなものとして子どもたちに保育や教育を提供する、という考え方が「変だ」と言います。言い換えれば、保育や教育の担い手が前もって作りあげた「環世界」に、子どもたちを呼び込んでくるという考え方が腑に落ちないと言うのです。

では、どのように考えたらよいのでしょうか。倉橋は、事態はまったくの逆であるべきだと主張します。彼の文章を読んでみましょう。

> 教育へ生活をもってくるのはラクなことであります。それには然るべき教育仕組をこしらえておいて、それへ子供を入れればよいでしょうが、しかし、子供が真にそのさながらで生きて動いているところの生活をそのままにしておいて、それへ幼稚園を順応させていくことは、なかなか容易ではないかもしれない。しかしそれがほんとうではありますまいか。少なくとも幼稚園の真諦は、そこをめざさなくてはならないものと、私は固く信じているのであります（倉橋、1976a, pp. 23-24）。

これは倉橋が別のところで書いていることですが、彼が当時主事を務めていた東京女子高等師範学校（現・お茶の水女子大学）の付属幼稚園には時折、数時間の見学のあとに「いつ保育がはじまるんですか」と尋ねてくる参観者さえあったと言います。朝、幼稚園を訪れると子どもたちがめいめい自由に遊んでいる。その上、子どもたちを一所に集めての朝の集まりといったものが行われ

ている様子もない。世間から見れば、おおよそ当時の幼稚園らしくない幼稚園
だったと言います。

　それでもなお、倉橋は「何か変だ」と思っていたのです。そして、「もっと
もっと幼児の自然の生活形態のままで保育がしていけないものかと考えてばか
り」（倉橋、1976a、p. 22）いたと自身をふりかえっています。この主張の中には、
子どもの生活の最中に教育を持って出かけていく「でかけ保育」（倉橋、1976a、
p. 25）を夢想しながらも、実際には、子どもの方がそれぞれの生活を持って教
育の場にやってくる現実の中で苦悩する倉橋の姿を見てとることができます。

　　幼稚園保育の真諦は子供の生活へ教育を持っていくので、こちらに目的は
　あるけれども、日々に行っていく保育の実際の働きは、子供の生活の方へこ
　ちらから合わせていくのです。その子供の日々の生活を無視して、こちらの
　目的をこちらの理屈でこねあげた保育案が、幼稚園として適当でないのは当
　然であります（倉橋、1976a、p. 64）。

保育や教育の担い手は、その道の専門家である限りにおいて、いきあたり
ばったりの、その場しのぎで子どもたちに関わるわけではありません。倉橋も
またほうらつな自由主義をうたうような「無案保育」を厳しく批判しました。
保育者や教師がその道のプロとして子どもと関わるその手前には、相応の心構
えがあり、身構えがあり、用意があるものです。言葉を換えて言えば、相応の
意図や志向を持って、子どもたちの中に入っていきます。

　しかし、子どもと関わる実際の段にあっては「子供の生活の方へこちらから
合わせていく」（倉橋、1976a、p. 64）姿勢を忘れてはならないと倉橋は言います。
つまり、何らかの意図や志向を持って子どもたちの中に出かけていくのだけれ
ども、子どもたちがその気になっていないのに、こちらの意図や志向を一方的
に押しつけるようなことがあってはならないと言うのです。

　こうなると保育というものは、子どものさながらの生活と、保育者や教師の
教育的な意図や志向とが出会い、ぶつかり、交渉を重ねる中で、協同で新たな

第2節　子どもの「環世界」と倉橋惣三の保育論　15

生活のかたちを作り出していく、楽しくも苦慮に満ちた営み、ということになります。

　では、このような協同の営みにおいて、子どもと保育者との間にはどのような関わりの持ち方が期待されるのでしょうか。ここでは倉橋が『就学前の教育』において「機会の捕捉」と題して執筆した箇所を頼りに考えていきましょう。倉橋は次のように書いています。

　　幼児を生活さながらにおいて、しかも教育者の意図を実行せんとするには、機会を捕えなければならぬ。捕うる前に待つの必要もあるが、必ずしも全然待つのでなく、環境によって機会の発生するように仕組みたる場合にあっても、その機会は捕うるにあらざれば空過し去る。これにおいて幼児教育は機会教育であるといえる。
　　機会を捕うるといえば、命令するにあらず、注文を強いるにあらず、幼児のあらわし来る機会に対して、受動の活動が周密に行なわれなければならぬ。少なくもまず受動の態度に出た場合でなければ機会とはいえない。この意味において幼児教育は受用の教育である（倉橋、1965、pp. 432-433）。

　子どもが生活さながらに抱いている思いと、保育や教育の担い手が抱いている思いとが出会い、ぶつかる瞬間を倉橋は「機会」と呼んでいます。この出会いの瞬間において、2つの思いが、無理なく、ぴったりと重なるという事態がどれだけ起こり難いことかは、私たちの日々の生活をふりかえってみれば容易に想像がつくことでしょう。

　むしろ、子どもの思いと、大人の思いとは、その内容においても、タイミングにおいても、往々にしてすれ違っていると考えた方が理に適っているのかもしれません。

　そうなると今度は、すれ違いが起きた時にどうするか、ということが問題になってきます。倉橋はここで、機会をとらえるということは、子どもの思いを押し込めて、大人の思いを押しつけることではない、と主張します。そして、

16　第1章　子どもからはじまる保育の思想

子どもの思いを受けとめてから動くということ、つまり「受動の活動」こそが機会をとらえることの本義であると言います。

　思いがズレるということを土台におきながら、ズレを感受した時には、こちらの思いを押しつけるのではなく、相手の思いを受けとめ、その思いに沿って動き出すようでなければ、機会をとらえるとは言わない。倉橋は、このように主張したのです。そして、この意味において幼児教育は「受用の教育」、すなわち、受けとったものを用いて応答する営み、として特徴づけることができるのです。

　こうした考え方は、「子どもからはじまる保育の世界」という主題を立ち上げようとしている私たちに、1つのわかりやすい道標を与えてくれます。倉橋の言葉を借りて表現するならば、「一人ひとりの子供から方法が生まれてくると考えるところに」（倉橋、1976a、p. 59）、子どもからはじまる保育の世界が広がっていると考えることができるでしょう。

　では、相手の思いを受けとめ、用いるところから保育の方法が生まれてくると考える時、子どもと保育者や教師との間にはどのような関係が結ばれているのでしょうか。この問題について改めて考えてみましょう。

　倉橋は「心もちの共鳴」という表現によってこの関係について述べています。

　　そのとき幼児がいかな心もちにあるかを共鳴して、それに応じていかなければならぬ。この意味において、幼児教育は共鳴をもって初めてこまやかに行なわれるといわれる。けだし共鳴は先方本位の受用の出発であり、過程であり、極致である（倉橋、1965、pp. 433-434）。

「共鳴」は、英語ではレゾナンス（resonance）という単語にあたります。二股に分かれた音叉の片方の足をテーブルなどで軽く打つと、打っていないもう片方の足も振動して同じ音を出しはじめる。これが一般に共鳴と呼ばれる現象です。この現象を倉橋の主張に沿って比喩的に解釈しなおすならば、「共鳴」

第2節　子どもの「環世界」と倉橋惣三の保育論　17

とは子どもの思いに打たれて、自らにも同じような思いが湧き起こってくること、と表現することができます。

　ところで「共鳴」にはもう1つあてることのできる英類語があります。それがエンパシー（empathy）です。エンパシーという単語は一般には「共感」と訳されます。「共感」というのは簡単に言えば、相手の身になって、相手と思いをともにすることを指します。ユクスキュルの「環世界」の考え方を借りて言えば、「共感」とは、関わりを持つ相手の「環世界」に入り込んで、その「環世界」に満たされた知覚的、動作的意味を、その作り手とともに鑑賞する、ということになるでしょう。

　子どもが作りあげた「環世界」に入り込み、その世界で大事にされている知覚的、動作的意味をともに鑑賞し、一緒に新たな意味世界の探索に向かう。この瞬間にこそ、子どもからはじまる保育の出発点があると考えるわけです。

　共鳴（＝共感）は、どこまでも相手に基点があると言えます。なぜならば、共鳴は、関わりを持つ相手の心が揺れ動いているところに始点があるからです。そして、共鳴（＝共感）に基礎をおいた関わりは、常に、受けとめてから動き出す「受動の活動」になると言うことができるでしょう。子どもからはじまる保育の世界は、以上に述べてきたように「共感に基礎づけられた受動の活動」を通して拓かれる世界として定義することができるでしょう。

　現代の子どもたちが生きる社会生活の多様な現実を考えあわせるならば、「幼児の自然の生活形態のまま」という倉橋の主張には、そのまま鵜呑みにすることのできない部分も当然あるでしょう。時代が変化すれば、社会生活のスタイルや価値観が変化していくのも当然のことです。しかし、それでもなお私たちは、子どもの成長の根幹には、「共感」と「受動の活動」を基点として拓かれる「子どもからはじまる保育の世界」が必要であると信じるのです。

　本節の最後に、倉橋の『育ての心』から「こころもち」と題された一節を引用しておきましょう。

　　子どもは心もちに生きている。その心もちを汲んでくれる人、その心もち

18　第1章　子どもからはじまる保育の思想

に触れてくれる人だけが、子どもにとって、有り難い人、うれしい人である。

　子どもの心もちは、極めてかすかに、極めて短い。濃い心もち、久しい心もちは、誰でも見落とさない。かすかにして短き心もちを見落とさない人だけが、子どもと倶にいる人である（倉橋、1976b、p. 30）。

　私たちが目指す「子どもからはじまる保育の世界」の始点には、子どもと保育者、教師とを結ぶ、このような共感を礎にした応答関係が必要になると言えます。

　では、子どもの「心もち」を汲む、または子どもの「心もち」に共鳴（＝共感）するというのは一体どのような事態なのでしょうか。言い換えれば、子どもの「環世界」に入り込み、その「環世界」をともに鑑賞する、とは一体どういうことなのでしょうか。

　次節では、この問題について考えていきたいと思います。

第3節　子どもの「環世界」に触れる

　さて、前節の末尾で私たちは、子どもの心もちに共鳴（＝共感）するとはどういうことなのか、子どもの「環世界」に入り込み、その「環世界」をともに鑑賞するとはどういうことなのか、と読者に問いかけました。

　本節ではこの問いに対する応答を、津守真の考え方を頼りに考えていきたいと思います。「なぜ、津守真なのか」という疑問はひとまずおいて、まずは津守の主張の要点をおさえておきます。

　津守は『子どもの世界をどうみるか』と題した本の中で、上の問いに対して次のような考えを提示しています。それは、子どもの世界は、子どもが生きるその時間と空間をともに過ごし、子どもが自らはじめる行為のリズムに合わせて、こちらがゆったりと応答していく中で徐々に発見される、というものです。「理論」という言葉は津守の好まぬところかもしれませんが、ここでは仮

にこの考え方を津守の「生命的応答」（津守、1987、p. 121）の理論と呼んでおきましょう。

　さて、津守のこの考え方の背後に倉橋惣三の保育思想が息づいていることは言うまでもありません。実際、津守は倉橋惣三選集の編纂に尽力するなど、倉橋保育論の探究と普及に大きな貢献をなしています。また、自著『子ども学のはじまり』においては、倉橋保育論の要点を整理して紹介し、その不朽の価値を考察しつつ、次のように述べています。

　　倉橋惣三の保育論は、私の保育研究の出発点である。これは、現代の科学的発達心理学よりも、子どもに対する洞察をはるかに多く、与えてくれる（津守、1979、p. 240）。

　この引用をもって冒頭で留めおいた「なぜ、津守なのか」という疑問への応答とさせていただきたいと思います。つまり、「子どもからはじまる保育の世界」の出発点を倉橋惣三の保育論におくならば、津守真の「生命的応答」の理論はその延長線上に位置づけられるもの、と考えることができるのです。

　では、子どもの「環世界」に入り込み、その「環世界」をともに鑑賞する、という事態について、津守の「生命的応答」の理論を頼りに考えていきましょう。

　津守はゆったりとした心構えで子どもとともに時を過ごすことの大切さを説きながら、子どもの世界を理解する、ということについて次のように書いています。

　　ゆっくりと、子どもと生活をともにしていると、子どもは自発的に何かをしはじめる。それに応答する間に、子どもは次第に心を開いて、自らの世界を表現する。その表現を通して子どもの世界にふれるという、たのしさと課題とが保育者の日常生活の中にはいつもある。一瞬一瞬に動いて変化する子どもと対話する間に、生活は思いがけない方向に展開する。子どもとの日常

20　第1章　子どもからはじまる保育の思想

生活は、実に多様で、活力があり、ドラマチックである（津守、1987、p. 120）。

　津守は言います。「たまたま出会った子どもと、ほんのひとときでも一緒に落ち着いた時間を過ごすと、子どもは私に親しみを寄せ、手もとのつみきや、足もとの小石を差し出してくれる。その小さな時間と空間の中に、子どもは自らの世界を開いてみせる」（津守、1987、p. 9）。

　何をするわけでもなく、子どものそばで穏やかな時間を過ごしていると、いつのまにか向こうから近寄ってきて「なにしてるの」、「あそぼ」、「みてみて」と声をかけてくる。言葉はなくても、目が合うとにっこりと笑って、今しがた自分のしていたことを見せてくれようとする。あるいは、じっとこちらを見つめて、手を振ってくれる。このような体験は、子どもと関わる時に誰もがしたことがあるのではないでしょうか。

　津守は、子どもが自らしていることに付き合い、心身をゆったりと構えて時を過ごしていると、子どもの方から親しみをもって関わりを求めてくると言います。そして、その求めに身も心もやわらかくして応じていると、次第に子どもの方も心を開いて、自らの世界を開いて見せてくれると言います。津守は子どもと保育者との間に結ばれるこのような関係を総じて「生命的応答」と呼んだのです。

　実際、保育の実践はここに述べたような「生命的応答」の連続であり、「子どもの世界は、生命的応答の積み重ねの中にあらわれる」（津守、1987、p. 123）と彼は言います。

　　私が子どもと時を過ごす、そのひとつひとつの歩みの中に子どもの世界がある。それは神秘的な仕方で私に伝わるのではなく、子どもの行為のひとつひとつに応答することによるのである。私は子どもと一緒に子どもの世界を生きているのだが、それは子どもとは逆の側から生きられる。子どもは要求し、私はそれに答える。子どもを背負うとき、背負われる子どもは安楽だが、背負う私は次第に重くなる。こうして子どもに答えることにより、子ど

第3節　子どもの「環世界」に触れる　21

もが心の中で何を求めているのかを知ることができる。子どもは、あるとき
はおとなの背に全身の信頼を投げかけ、あるときは正面からは言えないひそ
かな気持ちを背中に語りかける。外から見れば同じ姿勢でも、応答する者に
は、そのときどきの子どもの微妙な気持ちが伝わる（津守、1987、pp. 211-212）。

　子どもの世界は、テレパシーのようにして保育者に伝わるのではありませ
ん。それは、子どもと過ごす時間の中で、子どもが自らなす1つ1つの行為に
丁寧に応答していく中で徐々に理解されると津守は言います。つまり、子ども
と直に関わることによって初めて子どもの世界が理解される、と言うのです。
子どもが何かを求めてやってくる、それに対して保育者がゆったりと応答す
る。こうしたやりとりの中でお互いの世界が徐々に了解されていくのです。こ
こでお互いと言ったのは、関わりを通して保育者が子どもの世界を知ること
は、裏返せば、子どもの方も関わりを通して保育者の世界を知ることにつな
がっていると考えられるためです。この意味において、関わりを通して互いに
相手の世界を知る行為は、双方向的な行為であると言うことができます。
　さて、子どもの世界は子どもとの直接的な関わり、つまり、相互的な応答関
係の中に知覚されるという主張は理解できました。では、子どもはどのように
して自らの世界を、関わりを持つ相手に伝えるのでしょうか。津守は、この問
いに「行為」という言葉で答えています。

　　子どもと交わる日々の生活の中で出会う子どもの行為は、子どもの世界の
　　表現である。外部から第三者によって客観的に観察される行動は、子どもの
　　なす行為の一部分である。子どもの生活に参与する保育の実践においては、
　　おとなは子どもと一緒に生きているから、子どもを対象化して行動を観察し
　　ていない。子どもとの応答の中で、自分の全感覚をはたらかせて、子どもの
　　行為を知覚し、子どもの世界に出会う。そこで知覚された行為は子どもの世
　　界の表現である（津守、1987、p. 134）。

22　第1章　子どもからはじまる保育の思想

津守は明確には書いていませんが、ここで言われる子どもの「行為」は、
(1) 言葉を用いた行為（言語行為）、(2) 身体を用いた行為（身体的行為）、(3)
道具を用いた行為（道具的行為）と、いくつかに分けて考えることができま
す。そして、津守の主張に従えば、私たちが日常生活の中で出会う子どもの行
為は、その1つ1つが、子どもの世界の表現であると考えることができます。
子どもは、発声や言葉を通して（言語行為）、表情や身振りを通して（身体的行
為）、玩具や道具を通して（道具的行為）、保育者や身近な大人に関わりを求め
てきます。そこには必ずといっていいほど、喜びや悲しみ、不安、期待といっ
た情感が含まれています。その1つ1つの情感をともなった働きかけに直に応
えていく中で、次第に子どもの世界が見えてくる。これが津守の考えなので
す。

　子どもと直接的な関わりを持たずに、彼らの様子を離れた場所から第三者的
に観察する者（三人称的観察者）に見えている子どもの行為は、彼らの行為の
外装をとらえているにすぎないと津守は言います。それに対し、子どもとの生
活に全人格的に巻き込まれている保育者（二人称的関与者）には、子どもを第
三者的に研究の対象として見るようなことはできません。時々刻々と進行する
時間の流れの中で、目の前の子どもとの間に取り交わされる1つ1つのやりと
りに自らの全感覚を働かせて関わり、相手のいま、ここの情感や世界を理解し
ようと試み、子どもの働きかけに真正面から応えていこうとするのが保育者で
す。子どもの世界の全容は、こうした目の前の相手との情感をともなった直接
的な関わりあいを通して初めて理解される、というのが津守の一貫した主張な
のです。

　しかし、保育の実践の中では理解に窮する子どもの行為というものに度々出
会うのもまた事実だと津守は言います。

　　子どもの行為は表現であることを是認しても、保育の実践の最中には、眼
　　前に展開していることが何を意味するのかは理解できないことも多い（津守、
　　1987、p. 144）。

第3節　子どもの「環世界」に触れる　23

このような状態は、子どもにとっても、保育者にとっても、理解の至らなさ
を抱えながら時を過ごすことになるために苦しい時間になります。しかし、そ
れでもなお、子どもの行為の理解に向けて子どもとのやりとりを粘り強く重ね
ていくならば、いずれきっと子どもの世界が見えてくる時があると津守は言い
ます。

　　しかし、そのときには理解できなくとも、子どもの行為を何か意味あるも
　のとして肯定的に受けとって応答していると、きっと、子どもの世界が見え
　てくるときがある（津守、1987、p. 149）。

　さて、本節では私たちが子どもの世界を理解するためには、子どもの生活に
参与し、子どもの行為に直に応答していくことが必要になる、という津守の考
え方を学んできました。保育者は、時々刻々と変化していく時を子どもととも
に過ごし、彼らとの、いま、ここの関わりの中に、彼らの思いや世界を理解し
ようとします。そして、自らの至った理解に基づいて、子どもの働きかけに応
答していくことを通して、新たないま、ここ、を作りあげていきます。津守
は、保育者と子どもとの間に結ばれるこのような「生命的応答」の積み重ねの
上に保育が成り立っていると言います。

　　子どもの世界の表現である現在の行為をよく見て、その現在に応答するこ
　とにより、子どもとおとなの合力による新たな現在が形成される。それが保
　育である。保育は未来のためにあるのではなく、過去の経験を適用するので
　もない。保育は現在を変容し、現在を形成する力である（津守、1987、p. 168）。

　保育は、不確かな未来のための準備の機会ではなく、過去の生活体験の単純
な焼き直しでもありません。そうではなく、保育は、常に現在に基点をおいて
展開される営みであり、いま、ここ、の子どもの行為の理解に努め、その行為
に応答していくことを通して、子どもと保育者とがともに新たな可能性の世界

を作りあげていく希望に満ちた営みだと言えるでしょう。

第4節　ヴァスデヴィ・レディと、他者理解に向けた「二人称的アプローチ」

　さて、子どもの世界を理解しようとするならば、子どもの生活に参与し、彼らの行為の1つ1つに直に応答していく必要がある、というのが津守の議論の核心にある考え方でした。しかし、子どもの世界の理解に向けた心理学の歩みは、自然科学を手本とする方法の導入によって「非－関与」と「非－主観」を方法論上の基礎において展開することになったと津守は言います。この動向の中では、子どもの意味世界などといった主題は、客観性に乏しい信憑性に欠ける知見として扱われるにすぎませんでした（私たちは、同様の議論をユクスキュルの主張の中にも見出しました）。

　しかし、自然科学の方法論を手本にして積み上げられてきた人間についてのさまざまな客観的知見は、人間理解に向けた学問的探究において、その全体的問題の一部を解明するにすぎないことを津守は指摘しています。では、残された課題に私たちはどのように接近すればよいのでしょうか。この点について津守は次のように書いています。

　　児童心理学の出発点において、研究者たちに素朴に関心をもたれた子どもの世界は、その後の科学的方法論による研究において見失われてしまったのだが、いまや、その出発点に立ちもどり、人間学的理解の方法論に立って、子どもの世界の理解が新たに試みられねばならないのだと思う（津守、1987、p. 204）。

　彼がこの引用文の中で「人間学的理解の方法論」と呼んだものは一体どのようなものでしょうか。おそらくそれは、相手に直に「関わること」と、相手の行為に「応答すること」を土台においた他者理解の方法と考えてよいでしょう。

そして今日、津守が主張したのとちょうど同じ志向のもとに、「関与（engagement）」と「応答（response）」を土台においた人間理解の方法論が、その礎を固めようとしています。この方法論は「二人称的アプローチ（second-person approach）」と呼ばれています。

　結論を先取りして書くなら、この方法論の根底には、他者の心について知るためには、他者の心に直に関わることがきわめて重要だ、という考え方があります。本節ではこのアプローチの概要を紹介することにしましょう。

　本節で紹介する「二人称的アプローチ」の主唱者であるヴァスデヴィ・レディ（Vasudevi Reddy）は、心理学の探究は長らく他者の心の中は見えない、ということをその基本的前提に敷いてきたと言います。私たちが日常生活の中でいろいろな人と関わる時には、心は知覚可能なもの（彼女はふざけている、彼女は悔しがっている、彼は恥ずかしがっている、彼はからかっている、彼はだまそうとしている、といったように）として扱われているのに、ひとたび学問の世界に足を踏み入れたならば、他者の心はわからないものとする基本的前提が共有されている。このことにレディは大きな疑問を覚えたと言います（Reddy, 2008）。

　では、他者の心の理解の問題は、一体どのような問題として考えられてきたのでしょうか。レディ（2008）は次のように言います。

　他者の心はわからない、という前提を敷いた途端に、私と他者との間には見えない壁が打ち立てられることになります。要するに、他者の心は、見ることも、触れることもできない、ということになります。他者の心を知るためには、当然この壁を乗り越える必要があります。そして、人間はこの壁を乗り越えられるという仮説を立てるならば、この壁を乗り越えるための心の仕組みを解明することが、心理学の重要な探究課題の１つになる、というわけです。

　さて、「わたし」と「あなた」との間に打ち立てられたこの見えない壁を乗り越えるための心の仕組みについては、これまで主だって２つの説明が与えられてきたとレディは言います。１つ目が「一人称的アプローチ」と呼ばれる考え方、２つ目が「三人称的アプローチ」と呼ばれる考え方です。

　「一人称的アプローチ」というのは、他者の心は、自分自身の心を参照する

ことによって知ることができる、と考える立場です。この立場では、他者の中に、自分と似たところを見出すことが出発点になります。そして、相手が自分に似ているということを基点にして、自分の心の状態を、相手の心の状態にスライドして考えることで壁を乗り越えると考えます。要するに、自分がこう感じるのだから、相手も同じように感じているはずだ、という推論を立ちあげることによって相手の心を理解するというわけです。この立場は、今日ではシミュレーション説と呼ばれています。

　しかし、この考え方は裏返せば、自己が未体験の心の状態については理解することができないという限界をともなっています。このように考えるならば、生まれたばかりの赤ちゃんは、推論を立ちあげるために必要となる自己の体験が少ないために、他者の心の理解には限界がともなうという結論が導き出されることになります。

　しかしレディ（2008）は、生まれて間もない赤ちゃんと母親との関わりを見るならば、そこには実に豊かな、心のやりとりとしか言いようのないコミュニケーションの世界が広がっていると言います。

　他方、「三人称的アプローチ」というのは、他者の心は、自分や他者の行為の観察から立ちあげられる心の働きについての「理論」を当てはめることによって知ることができる、と考える立場です。この立場では、自分や他者の行為のパターンを観察することが出発点になります。そして、得られた観察データからAの場合にはB、Cの場合にはDといった、心の働きについての仮説を作りあげます。この仮説を、生活の中で出会うさまざまな行為に当てはめて検証し、仮説がうまく当てはまらない場合には、仮説に修正を加えていくことで壁が乗り越えられると考えるのです。要するに、自他の行為の観察から心についての理論を立ちあげ、その理論を当てはめることによって他者の心を理解するというわけです。この立場は、今日では「心の理論」説と呼ばれています。

　しかし、この考え方は「心の理論」を獲得するまでは、他者の心を適切に理解することはできない、という結論と結びついています。したがって「心

の理論」を獲得するまでは、自分や他者の行為の観察は、無意味な情報のコレクションにすぎないということになります。このように考えると、「心の理論」を獲得する前の赤ちゃんに他者の心を受けとめたり、他者の心に応答したりすることは難しい、ということになります。しかし、母子間のやりとりに見られる日常的な経験則からすれば、決してそんなことはない、というのがレディの主張なのです。

　レディ（2008）は、以上に述べた 2 つのアプローチの共通点と相違点を次のようにまとめています。

　まずは共通点ですが、2 つのアプローチはいずれも、他者の心は不透明で直接には見ることも触れることもできないという前提に立っています。そしていずれも他者の心の理解に至るためには、自他の間に打ち立てられた壁を乗り越えるための心の仕組みを解明しなければならない、という考えに研究の動機を位置づけています。

　次に相違点です。2 つのアプローチは壁を乗り越えるための心の仕組みがどこで作られ、どのように機能するか、という論点において異なっています。「一人称的アプローチ」では、自分自身の体験を土台にして、他者の心の状態に自分の心の状態をスライドして考えることによって壁を乗り越えることができると考えます。他方、「三人称的アプローチ」では、自他の行為の観察を土台として、観察データから立ちあげられた「心の理論」を、さまざまな行為に当てはめて理解することで壁を乗り越えることができると考えます。

　レディ（2008）はいずれのアプローチも理論的には他者に関わるという論点を重視していながらも、実証的には他者に関わるという手法からは距離をとり、傍観者的な立ち位置から「心の仕組みは見えない壁をどのように乗り越えるのか」という形而上学的な議論に専念していると言います。

　そして、これらのアプローチに替わる新たな研究の方法論として、見えない壁の想定それ自体を否定するアプローチを主張したのです。それが、「二人称的アプローチ（second-person approach）」（Reddy, 2008）と呼ばれる人間研究の方法論です。

28　第 1 章　子どもからはじまる保育の思想

「二人称的アプローチ」は簡単に言うならば、他者の心は、固有名を持った「あなた」としての他者に、直に、情感をともなって関わることを通して直接的に知覚される、という考え方に基づく人間理解の方法論です。「二人称」というのは、文法用語ですが、レディによれば「わたし（Ｉ）」を基点にして「あなた（YOU）」として呼びかける相手、あるいは、「あなた」として呼びかけられる行為主体を指し示す言葉です。そして、レディの考え方に従えば、「二人称」という表現によって指示される関係には、関わりを持つ相手を特別な相手とみなし、情感をともなった関係を結んでいる状態が想定されています。そのことはレディが「二人称的アプローチ」の前提について述べた次の文章にも表れています。

　　他者を理解するためには、発達的にも、経験的にも、他者を一人の「あなた」として認めることと、他者からそのように認めてもらうことが第一義的に重要である（レディ、2008、p. 233／邦訳 2015、p. 301）。

　レディ（2008）は「二人称的アプローチ」には、3つの柱となる特徴があると言います。ここでは彼女の主張する3つの特徴について確認しておきましょう。

　1つ目の特徴は、ここまでに述べてきたように、他者の心は触れることも、見ることもできないという考え方を否定することです。替わって、「二人称的アプローチ」に依拠する場合、他者の心は、固有名を持った相手との情感をともなった関わりを通して、直接的に知覚されるという考え方に立脚することになります。この考え方の根底には、心は、生活する行為主体が、身体を介して世界や他者に働きかけるやり方そのものである、という考え方があります。心というものを、私たちの身体や行為と切り離すことのできないものとして理解することによって、心は固有名を持った相手との直接的なやりとりの中で、直に知覚することができる、と考えるわけです。

　2つ目の特徴は、一般化された他者の心というものを否定することです。つ

第4節　ヴァスデヴィ・レディと、他者理解に向けた「二人称的アプローチ」　29

まり、誰にとっても一様に定まった特定の心の状態があるという考え方を否定するのです。私たちは日々の生活の中でさまざまな相手と、さまざまな関わりを持っています。そして、関わりの持ち方や、関わりの深さは、誰に対しても一様に同じということではなく、状況や相手に応じて異なっているはずです。特別な存在として近しい間柄の相手もいれば、顔見知り程度の少し距離のある相手もいるでしょう。さらに、関係の深さや幅は不変のものというよりも、絶えず変化するものと考えた方が自然です。このように考えると、他者の心についての理解は、実際に関わりを持つ相手との関係の持ち方に応じて絶えず変化するものと考えた方がよさそうです。

　3つ目の特徴は、二人称的アプローチは、人と人との間の情感をともなった関わりあいが、ただ単にお互いについての情報を相手に伝えることに留まらず、相手をよりよく理解し、成長に導くような心性を育むことに結びつくと考えるところにあります。

　レディのこうした主張は、人類学や社会学の分野で比較的早い時期に展開した人間科学の探究における解釈主義的アプローチの台頭を考えあわせるならば決して新しいものとは言えません。しかし、津守の言うように20世紀の心理学の発展が実証主義科学の方法論に基礎をおいて、「非－関与」と「非－主観」を重視する学術的気運の中におかれてきたことを考えるならば、他者の心についての理解は、他者に直に関わることを通して得られる、というレディの主張は重要な意義をもっていると言えるかもしれません。ただし、近年の心理学における学際的動向を考えあわせるならば、質的心理学（qualitative psychology）の台頭など、レディの主張と方向性を同じくする議論が数多く発表されていることは理解しておくべきでしょう。

　さて、レディ（2008）の主張する「二人称的アプローチ」は、子どもの世界を理解するためには、子どもの生活に参与し、彼らと時間と空間をともにし、彼らの行為の1つ1つに直に応答していく必要がある、という主張として読むことができるでしょう。この考え方は先に論じた津守の考え方とぴったりと重なりあいます。ここで改めて津守の文章を読んでみましょう。

子どもの世界の理解には、研究者として子どもの外部に立っているのでは不十分になる。子どもの生活に参与して、子どもに直接応答すること、またこの際、子どもとの関係において自分をさまざまに変化させることによって、一層子どもの世界を理解するようになるだろう（津守、1987、p. 203）。

　この文章の中で津守は、子どもの世界を理解するためには、「非－関与」と「非－主観」に基礎をおいた傍観者的な方法論では限界があることを指摘しています。そして、子どもの世界を理解するためには、子どもの生活に参与し、子どもの行為に直に応答していく必要があると主張しています。津守のこうした主張をレディの「二人称的アプローチ」の考え方と重ねて理解することに飛躍はないでしょう。要するに、津守の「生命的応答」の理論に基づいた子ども理解のための方法論と、レディの情感をともなった関わりに基づいた子ども理解のための方法論とは、非常に近いところにあると考えることができるのです。

　さて、私たちはフォン・ユクスキュルの「環世界」論から出発して、倉橋惣三の保育論、津守真の「生命的応答」の理論、そしてヴァスデヴィ・レディの「二人称的アプローチ」へと学びの歩みを進めてきました。いずれの主張の中にも私たちが考えようとしている「子どもからはじまる保育の世界」の中核に位置づく考え方が含まれていると言えます。それらをいくつかのキーワードで表現し直すとするならば、「関与」、「共感」、「応答」の３つをあげることができます。

　（1）「関与（engagement）」というのは、子どもと生活をともにし、彼らと直に関わりを持つことを指しています。(2)「共感（empathy）」というのは、子どもたちのさながらの行為の先に、どのような「環世界」が広がっているのかを、子どもの視点に立って理解しようとすることを指しています。最後の（3）「応答（response）」というのは、子どもの働きかけに応じ、答えることを通して、相手の思いを理解し、同時に自らの理解を相手に伝える、ということを指しています。

　この最後の「応答」の問題について、もう少し詳しく考えてみましょう。

相手に情感をともなった関わりをもちかける時、働きかけた方は、何らかの応答（re-sponse）を相手から引き受けることになります。この相手からの応答には、相手の意向（intention）や考えが含まれるものと考えることができます。したがって、相手からの応答を引き受ける時に、働きかけた方は、相手の意向や考えを知ると同時に、相手自身（him-self / her-self）についても知ることになると言えます。

　これとは反対に、他者から関わりをもちかけられる時、働きかけられた方は、何らかの応答（re-sponse）を相手に返すことになります。この相手に返す応答には、働きかけに対する自分の意向（intention）や考えが含まれるものと考えることができます。したがって、相手に応答を返す時、働きかけられた方は、相手に自分の意向や考えを伝えると同時に、自分自身（my-self）についても伝えることになると言えるでしょう。

　要するに、私たちは関わりを引き受ける時に相手を知り、応答を返す時に自分を知らせている、ということになります。少し視点を変えて言えば、私たちは相手に働きかける時に自分を知らせ、相手からの応答を引き受ける時に相手を知る、ということになります。実際、ここには行為と応答とを結ぶ分かちがたい連鎖関係があると言うことができるでしょう。

第5節　佐伯胖のドーナッツ論と文化的実践論

　さて、「子どもからはじまる保育」の理論的な基礎を固めるにあたって、最後にどうしても考えておかなければならないことがあります。それは、私たちの社会生活は「わたし」と「あなた」という二人称の関係に閉じられてはいない、という事実です。

　レディの考え方に従えば、「二人称」という表現によって指示される関係には、関わりを持つ相手を特別な存在とみなし、情感をともなった関わりが結ばれている状態が想定されていました。親密な母子関係を1つのモデルとして、この二人称の関係を描き出し、こうした関係の中に「子どもからはじまる保育」

の出発点を見出すことは、実はそれほど難しいことではないかもしれません。

　難しさはむしろその先にあるようにも思われます。それは、二人称の関係を基点にしつつも、二人称の関係に閉じられることなく、関係を外に拓いていく、という問題と関わっています。レディも指摘していたように、私たちは日々の生活の中でさまざまな相手との間に、さまざまな関係を結んでおり、しかも、その関係の取り持ち方は一様ではありません。「わたし」と「あなた」という二人称の関係を取り持つ親しい間柄の相手もいれば、彼、彼女、あの人といった三人称を使って呼びかけるような距離のある相手もいるわけです。さらに、関係の幅や深さは、不変のものというよりも、むしろ常に変化していくものと考える方が自然です。

　さて、ここで考えておきたいことは、個としての「わたし」が、二人称の関係の外側に築かれる関係世界とどのように結びついていくか、という問題です。本章でこれまでに紹介してきた議論は、どちらかと言えば「わたし」と「あなた」との間に結ばれる二人称の関係に焦点をあて、その重要性を強調するものだったと言えます。しかし、幼い子どもとの関わりを考える時、私たちは関係を外に拓いていくことの重要性についても考えておく必要があります。

　この問題を考えていく際に、1つの有効なモデルがあります。佐伯胖の提唱した「学びのドーナッツ論」と呼ばれるモデルです。ドーナッツ論のルーツや今日的展開については佐伯の本に直にあたっていただくことにし、ここではそのエッセンスを紹介することにします。佐伯はドーナッツ論とは何か、という問いに答えて、次のような説明を行っています。

　　人が世界とかかわりをつくり出すとき、まずその人の自己（I）に共感的にかかわる他者（YOU）とのかかわりをもつことが必要で、そのIとYOUとのかかわりの世界を「第一接面」と呼ぶ。さて、このYOUはIとかかわるだけではなく、文化的実践が行われている現実世界（THEY）とかかわっているし、IはYOUとともに、そのTHEYとかかわるようになる、ということである。このTHEYとのかかわりの世界が第二接面である（佐伯、2014, p. 153）。

第5節　佐伯胖のドーナッツ論と文化的実践論　33

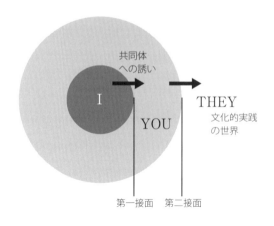

図1-1　佐伯の「ドーナッツ論」(佐伯, 2014, p. 154)

個としての「わたし（I）」が、未知なる世界との関係を築き上げていこうとする時に、まずは「わたし」の思いを真摯に受けとめ、寄り添ってくれる、いわば、二人称の関係を結ぶことができる他者（YOU）との出会いが重要になります。ここでの「わたし」と「あなた」との関係の結び目を佐伯はドーナッツ論における「第一接面」と呼んでいます。接面というのは、インターフェース、つまり複数の行為主体が出会う場のことです。この出会いの場で結ばれる関係の質が、個としての「わたし」が未知なる世界との関係を築いていく上で決定的に重要な役割を果たす、というのが佐伯のドーナッツ論の主だった主張になります。

本章で展開した議論と関連づけるなら、倉橋や津守、レディの主張はいずれもこの「第一接面」の質的な充実を訴えるものとして理解することができます。

さて、ドーナッツ論においてとくに重要な位置づけを与えられているのが、個としての「わたし」に共感的に関わる他者、つまり、二人称の他者と呼ばれる存在です。子育てという文脈に位置づけて考えるならば、母親や父親、保育士や教師、ということになるでしょう。この二人称の他者は、ドーナッツの基点となっている一人称の「わたし」と関わっているだけではなく、「わたし」の知らない世界とも関わりを持っています。

佐伯（2014）は二人称の他者は関わりを持っているけれども、一人称の「わたし」にとっては未知の世界のことを、一人称の「わたし」を基点にして、三人称の「かれら（THEY）」の世界と呼んでいます。

では、一人称の「わたし」が、三人称の「かれら」の世界との関係を築いていくためにはどうしたらよいのでしょうか。ここに、一人称の「わたし」に共感的に関わってくれる二人称の他者が登場します。二人称の他者が、一人称の「わたし」と一緒に、三人称の「かれら」の世界に向かってくれることで、一人称の「わたし」は安心して三人称の「かれら」の世界と関係を築いていくことができる、と考えるわけです。

　要するに、二人称の他者が橋渡しをすることによって、一人称の「わたし」は、三人称の「かれら」の世界と関わっていくことができる、というわけです。この時、一人称の「わたし」と二人称の他者とが一緒に、三人称の「かれら」の世界に参与していく場を、佐伯（2014）はドーナッツ論における「第二接面」と呼んでいます。

　佐伯の考えに従えば、保育の担い手には、一人称の「わたし」が、三人称の「かれら」の世界に参与していけるように、二人称の他者としての役割を十全に果たすことが期待されます。ここで、保育における二人称の他者としての役割というのは、本章で述べてきた「関与」、「共感」、「応答」を基点においた子どもとの関わり、ということになるでしょう。

　さて、最後に三人称の世界について若干の補足説明をしておきましょう。三人称の世界というのは、一人称の「わたし」を基点として世界を眺めてみた時に、未だ知らないことの多い世界のことを指しています。佐伯は、この世界のことを「文化的実践」の世界と呼んでいます。「文化的実践」というのは、人々がともに、よりよい生き方を求めて、過去の知に学びながら、現在の生を変化させ、新たな未来を作りあげていく絶え間ない営みとして特徴づけられるものです。この「文化的実践」の世界に一人称の「わたし」が参与していくことができるように、支え、助けることが保育における二人称の他者に求められる重要な役割の1つである、ということになります。

第6節　子どもからはじまる保育の思想

　さて、「子どもからはじまる保育」の思想とは、一体どのようなものでしょうか。本章をふりかえりながら、改めて、整理しておきましょう。

　私たちは、ユクスキュルの「環世界」論から話をはじめました。ユクスキュルの「環世界」論というのは、すべての生き物には、その生き物に固有の意味で満ちた世界がある、と考える理論でした。ユクスキュルはこの世界をシャボン玉にたとえ、個々の生き物は、自らが知覚し、働きかけることのできる「環世界」の中で活動している、と主張しました。私たちはこの議論から、子どもたちもまた、それぞれに固有の意味の世界を生きていることを了解し、保育の担い手は、まずもってこの世界に歩み寄り、子どもの「環世界」を一緒に散策してみる必要があるのではないか、という提案を行いました。

　この「子どもの環世界への散歩」というアイディアから、私たちは倉橋惣三の「でかけ保育」論に進みました。倉橋の「でかけ保育」論は、教育をする場に子どもたちを呼び寄せてくるのではなく、子どものさながらの生活の中に教育を持っていくことを主張するものでした。倉橋はこの考え方を「教育へ生活を」ではなく「生活へ教育を」というフレーズで表現しました。そして、子どもの生活の場に赴き、そこで子どもたちが自らしていることを受け入れ、支え、助けるところに幼児教育の真諦があると主張しました。彼はこのような考え方を「受動の活動」、「受用の教育」と呼び、一人ひとりの子どもから方法が生まれてくると考えるところに幼児教育の本義がある、と主張したのでした。

　では、このような「受用の教育」の現場において、子どもと保育者、教師とはどのような関係を結んでいるのでしょうか。倉橋はこの問いに対し「共鳴（＝共感）」によって結ばれる関係を強調しました。私たちは倉橋のこの主張を一歩進め、津守真の「生命的応答」の理論に学びました。津守の「生命的応答」の理論は、子どもの世界を知るためには、子どもの生活に参与し、子どもと直に関わり、子どもの自ずからの行為に応答していくことが必要である、と主張するものでした。要するに、子どもの世界は、子どもと直に関わること

を通して初めて発見される、というのが津守の一貫した考え方でした。ここから彼は、保育者は、たとえ子どもの行為が理解できなかったとしても、その行為には何か意味があるはずだと肯定的に受けとめ、応答していくことが重要であると主張しました。子どもの思いを理解しようと努め、子どもの思いに直に応えていくことが保育においてもっとも重要な視点であるとする津守の考え方は、倉橋の「受用の教育」の考え方にも通じるものでした。

　続いて私たちは倉橋や津守の保育思想を、学問的な流れの中に位置づけることを試みました。ここで紹介したのがヴァスデヴィ・レディの主唱する「二人称的アプローチ（second-person approach）」でした。レディの主張は、自然科学の方法論に依拠した心理学研究が、もっぱら「非－関与」と「非－主観」を切り札にして行われてきたために、多くの見落としを含んできたことを糾弾するものでした。この見落としは「人は他者の心をどのように理解するのか」という心理学の重要課題についても同様に認められるもので、レディによれば従来研究はこの課題に対して「非－関与（academic detachment）」を礎にして接近してきたと言います。これに対しレディは、心は、相手との情感をともなった関わりを通して、直接的に知覚される、という考え方を主張し、この考え方に基づいた研究を「二人称的アプローチ」と呼びました。

　他者の心は、相手との情感をともなった直接的な関わりを通して知覚される、という考え方は、津守の「生命的応答」の理論とも相通じる主張でした。この意味において私たちは、津守の「生命的応答」の理論は、レディの言う「二人称的アプローチ」の１つの具体として位置づけることができる、と考えました。

　最後に私たちは、情感によって結びついた「わたし」と「あなた」という二人称の関係の重要性はいわずもがな、関係は外に拓かれる必要があることを指摘しました。つまり、二人称の関係は、二人称の関係の外側に広がっている関係世界とも結びついていく必要がある、という指摘を行いました。そして、この問題を考えていくための１つの有効なモデルとして、佐伯胖の「ドーナッツ論」を紹介しました。

第6節　子どもからはじまる保育の思想

佐伯のドーナッツ論というのは、簡単に言えば、個としての「わたし」が、人々の営む文化的実践に参与していくためには、個としての「わたし」に共感的に関わってくれる身近な他者の存在が必要であり、「わたし」は、この身近な他者の仲立ちを通して、人々の文化的実践に参与していくことができる、と考えるモデルです。

　佐伯は、個としての一人称の「わたし」を「Ｉ」、一人称の「わたし」に共感的に関わる二人称の他者を「YOU」、そして、一人称の「わたし」が、二人称の他者とともに参与していこうとする三人称の人々の文化的実践の世界を「THEY」世界と呼びました。そして、一人称の「わたし」が、三人称の人々の文化的実践の世界に参与していくプロセスを「学びのプロセス」として見る時に、「わたし」と「あなた」との関係（第一接面）の質と、「わたし」と「あなた」と三人称の世界との関係（第二接面）の質とが重要になってくると主張しました。佐伯のドーナッツ論は、「わたし」と「あなた」との二人称の関係に焦点化しがちな私たちの議論を、二人称の関係の外側に広がる関係世界と結びつけていくことを考える上で、有効な視点を提供してくれます。

　私たちが主張する子どもからはじまる保育は、「わたし」と「あなた」との間に結ばれる二人称の関係を重視します。しかしその一方で、関係が、二人称の関係に閉じられたままでいることをよしとはしません。この意味では、子どもからはじまる保育の世界は、二人称の関係を基点にしつつも、子どもが二人称の関係の外側の世界と関係を築いていけるように、二人称の他者となり得る保護者や保育者が、子どもの思いを受けとめつつ、彼らの文化的実践への参加を支え、助けていく営みの中に拓かれるものと結論づけることができます。

　さて、最後に倉橋惣三の有名な一節を引いて本章を閉じることにしましょう。

　　自ら育つものを育たせようとする心。それが育ての心である。世にこんな楽しい心があろうか。それは明るい世界である。温かい世界である。育つものと育てるものとが、互いの結びつきに於て相楽しんでいる心である。

育ての心。そこには何の強要もない。無理もない。育つものの偉〈おお〉きな力を信頼し、敬重して、その発達の途に遵うて発達を遂げしめようとする。役目でもなく、義務でもなく、誰の心にも動く真情である（倉橋、1976b、p. 8）。

　「保育」や「教育」という主題について考える時に、私たちはこの熟語の「育」という字の意味について深く考えを巡らせる必要があります。「子どもからはじまる保育」を展望する私たちは、この「育」という字に、守り、教え、育てる必要のある未熟な子どもの姿をイメージするのではなく、子ども自身が自ら育っていこうとする能動的で、活力に満ちた力をイメージする必要があります。そして、私たちが展望する保育や教育の営みは、倉橋の言うように、自ら育つものの、自ら育っていこうとする偉〈おお〉きな力を信頼し、敬重し、その能動的で、活力に満ちた成長の過程につき遵〈したが〉うように、その成長を助け、支えようとする心持ち——彼の言う「育ての心」——に終始一貫して支えられている必要がある。このように結論づけることができます。

【引用文献】
・倉橋惣三『倉橋惣三　三選集　第三巻』フレーベル館、1965 年
・倉橋惣三『幼稚園真諦』フレーベル館、1976a 年
・倉橋惣三『育ての心（上）』フレーベル館、1976b 年
・Reddy, V. *How Infants Know Minds*, Harvard University Press, 2008.　ヴァスデヴィ・レディ、佐伯胖訳『驚くべき乳幼児の心の世界——「二人称的アプローチ」から見えてくること』ミネルヴァ書房、2015 年
・佐伯胖『幼児教育へのいざない 増補改訂版——円熟した保育者になるために』東京大学出版会、2014 年
・津守真『子ども学のはじまり』フレーベル館、1979 年
・津守真『子どもの世界をどうみるか——行為とその意味』NHK ブックス、1987 年
・ユクスキュル＆クリサート、日高敏隆・羽田節子訳『生物から見た世界』岩波文庫、2005 年

【推薦図書】
・津守真『子どもの世界をどうみるか——行為とその意味』NHK ブックス、1987 年
・倉橋惣三『育ての心（上）』フレーベル館、1976 年（2008 年）
・倉橋惣三『幼稚園真諦』フレーベル館、1976 年（2008 年）

第 6 節　子どもからはじまる保育の思想

chapter 02 | 子どもからはじまる保育の実践

瀬川千津子

第1節　保育実践の考え方

　前章では「子どもからはじまる保育の世界」とは何か、なぜそれが大事なのか、ということが保育の中にある「真」（変わってはいけないもの）[1]として、理論的に語られてきました。第2章では、その変わってはいけない「真」の中でも大事な部分の一つである「子どもからはじまる保育の実践」を、具体的な実践事例を頼りに考えていきたいと思います。

　それにしても、「子どもからはじまる保育」だなんて、いまさら何を言っているのかと思われることでしょう。本当に当たり前のことなのです。しかし、改めて訴えていかなければならないと感じています。平成30年度から施行予定の保育所保育指針、幼保連携型認定こども園教育・保育要領、幼稚園教育要領の保育（教育）の内容や方法にかかる部分には、「子どもの発達や状況に応じること、一人ひとりを十分に理解し、子どもが自発的・意欲的にかかわれるような環境を構成すること」と書かれています。保育を立案する時には、まずは子どもの姿を十分に理解し、実態を把握した上で、ねらいを立て、内容を決めよということであり、「子どもからはじまる保育」は当たり前であり、3つの指針・要領によって定められているものです。

「子どもからはじまる保育」の「子どもから」は、子どもの「あそびから」、その「没頭する姿から」、子どもの「育ちを見ることから」ということです。それが、子どもの実態となります。さらに、子どもがもっと夢中になり探索できるようなことはどんなことかと考え（ねらいを立て）、子どもたちが自らあそびや活動を選び取れるような環境を構成（内容を準備）することへとつながります。つまり、保育は「子どもから」しかはじめられないのです。しかし、残念ながら、「子どもから」ではなく「保育者からはじまる保育」があることを私は知っています。子どものおかれている現状によって、あるいは、子どもの育ちの道筋を考え、それが最善である場合には保育者が主導する保育が行われることもあります。しかし、そこで「育ち」への目標や目的が優先すると、それを「達成するための保育」、「身につけさせるための保育」になってしまい、さらには、そこへ導くための「方法として」の保育になってしまいます。そこで見ているはずの子どもの姿は、遠い先の未来にいる子どもの姿であり、それは保育者が定めた子どもの姿であり、今、目の前にいる子どもの姿ではないのです。

　私は、今、目の前にいる子どもの姿からしか、本当の意味での子どもの育ちははじまらないと考えます。だから、保育者は目の前の子どもの姿に、耳を澄まして、瞳を凝らして、子どもが見ようとしているものをその斜め後ろからともに見[2]、子どもが自らどう育とうとしているのかをよく見て感じることからはじめなければならないと思うのです。

　子どもの姿（実態）は、子どものあそびや、していることに現れます。子どもの姿を理解するためにはまず、そのあそびや、していることをよく見ることからはじめなくてはなりません。

　子どもたちがあそびをはじめる時には、「○○ごっこ」をやろうと、はっきりと誰もが共通の認識を持っている場合もあれば、「○○ごっこ」と言ってはいても、それぞれの理解が微妙に違っている場合、あるいは、あそびをはじめた時にはまだ漠然としていて、そこに名前がない場合もたくさんあります。共通のイメージがはっきりしているあそびをする時には、たいていの場合、その

第1節　保育実践の考え方　41

あそびには名前やルールがあります。その場合、一定の決まりごと（共通認識）に沿ってあそぶことで互いが楽しくあそべます。たとえば、おにごっこやサッカーなどがそれにあたるでしょうか。では、お母さんごっこやヒーローごっこはどうでしょうか。お母さんや赤ちゃんの役がある、〇〇レンジャーや敵がいるなど、一定の決まりごとのようなものはありますが、話（あそび）のスジ（内容や展開）は、子どもたちが「つぎは、こうすることね！」などと言って、やりとりをしながら決めます。偶然に作用されて思わぬ展開が待っていたりと、内容はあそびを担っている子どもに任されて展開していきます。役になりきり相手の出方に合わせ、自分の出方を調整しながら、話が進んでいくのです。

では、子どもが何気なくはじめたあそびはどうでしょうか。まだ「あそび」にもなっていないような取留めもない子どもの行為でも、自分たちが一番楽しくなるところを探りながらあそびをつないでいく、そういうあそびが、子どもたちのあそびの中にはあります。

本章では、子どもが何を楽しみ、夢中になっているのか、それを保育者はどのような意図を持って支えているのかについて、「あそびのはじまり」と「あそびが広がり変化していく時」の2つの実践事例を通して考えていきたいと思います。保育の実践がいかに「子どもからはじまる」のかをともに探究していきましょう。

第2節 子どもがはじめることを大切にする

先に述べたように、〇〇あそび、〇〇ごっこ、といったあそびの他に、子どもが何となくしていることで、どんなあそびになるのかまだ決まっていないようなあそびもあります。子どもが何をしていて、何をはじめようとしているのか、まだ漠然としていて周りの子や保育者にはよくわからない状況です。そのようなあそび（あそびになっていないあそび）は、実は当の本人（その子自身）も何をしようとしているのかよくわかっていないことが多く、わからないけ

ど、何となくこうしたら楽しくなりそうとか、何か（いいこと）になりそうという予感を頼りに少しずつ進めているように思います。

次に紹介する実践事例も、そのような状態からはじまったものです。

1．あそびのはじまりに着目した保育実践

この事例は、私がビデオに収め記録したものをもとに物語に起こしたもので撮影者である私の視点から見たものです。この事例の中では、言葉を交わすことや、はっきり「それ」とわかる動きをする場面が少ないので、話の中心にいるカナコのしぐさや見ているもの、保育者の動き、顔や身体の表現を大事に書いています。

あるこども園の夕方の時間にはじまったあそびの事例です。夕方の時間は、一般的なクラスの保育（教育）時間に比べ、子どもの数が少なく（なっていく）、一人ひとりがゆっくりあそぶことを許されている柔らかい時間でもあります。

5歳の女の子が何気なくした（ように見える）、机に丸椅子を1脚乗せることからあそびが動きはじめます。この園ではふだん、机に椅子を乗せたり、机に登ったりすることは「してはいけないこと」になっています。ですから、その子は自分の隣にいる先生と自分が作っているもの（机の上に乗せた椅子）とに、何度か瞳（目線）を往復させながら、少しずつ進めていきます。

〔事例1-①〕「やりたいことは何？ ……模索が始まる」

　カナコは、「ちょっとみせたいから」と言って、机の上に丸椅子（四つ足／背もたれなし）を乗せ、その上に紫色の風呂敷を被せました。机の幅は椅子の脚がちょうどぴったりと収まるくらいの幅で、少しでもずれると丸椅子の脚はぐらりと傾き、落ちてしまいそうです。カナコに「いっしょにいよう」と誘われて、てっきりピュンピュンゴマであそぶのかと思っていた宮沢先生は、何も言わずにピュンピュンゴマを回しながら、カナコがすることを眺めていました。

　カナコは、さっき丸椅子の上に敷いた紫色の風呂敷の上に、今度は赤い風呂敷を被せようと、ふわりと風呂敷をなびかせ上へと払うと、その手が椅子に当たり丸椅子の脚が少しずれてしまいました。丸椅子の脚がガタリと机からはずれ、ゆっくりと傾いていきます。そばにいた宮沢先生はハッとして、傾きかけた丸椅子

第2節　子どもがはじめることを大切にする　43

の脚をサッと掴むと、丸椅子の脚を手に持って椅子を持ち上げたまま、急いで近くにあった机をもう片方の手で引っ張ってきました。カナコは宮沢先生が机を引いてくるのを見て、それに少し自分の手を添え、一緒にズリズリと机を寄せました。そして、さっき丸椅子が乗せてあった机の隣にぴたりと付けました。

　宮沢先生は、手に持っていた丸椅子を、2台並べた机の真ん中にしっかりと置きました。そして、さっき自分が座っていた椅子に戻り、また腰掛けると、もう一度カナコのすることを見ながら、再びビュンビュンゴマを回しました。

〈子どもの姿・楽しんでいること・思い〉

　カナコは、宮沢先生に「ちょっとみせたいから」と言って、机の上に丸椅子を乗せ、風呂敷を被せたのですが、カナコが見せたいものが何なのか、ここではまだわかりません。宮沢先生に「みてもらいたい」のは、丸椅子を机に乗せている「自分」のようにも見えます。何を楽しんでいるのか、カナコ自身にもまだわからないのかもしれません。

〈保育者の援助の意図・思い〉

　宮沢先生も、カナコのすることがよくわからないまま、ビュンビュンゴマを回してカナコを見ています。この時のことを宮沢先生は、こう話してくれました。「（カナコが）何をやりたいのかわからないけれど、何でもいいので、子どもに自己決定してほしい気持ちがあって……。（私が）何もしないでいると、その子どもに自己決定を迫りたくなる自分がいた……だから、この時、ビュンビュンゴマを回していることは、私にとって大事なことだった」。宮沢先生はビュンビュンゴマを回しながら、カナコが自分で何をはじめようとしているのかをカナコに任せて待っていたのです。

　夕方の時間に、誰かのことを支えにしながら過ごしたいと思っている子どもが、自分の方に近づいてきた時に、どのようにしてそばにいることが、この子があそべたと思うのかを探している状況であったとうかがえます。

44　第2章　子どもからはじまる保育の実践

〔事例 1-②〕「少し見えてきた、カナコのやりたいこと」

　カナコは、慎重に丸椅子の脚の位置を決め、今度は背もたれのある椅子を机に乗せました。がっちりと椅子の脚 2 本を手に持つと、机の上で椅子をずらしていき、2 台並ぶ机の片方に収まるように椅子を置きました。すると、<u>2 台の机の端が（長さが）揃っていないことに気がつき、「ここが！」というかのように、机の端の辺を触って宮沢先生の顔を見ました</u>。宮沢先生は、それに応じるかのようにして机をぴったりと揃えようと、机をズリズリとずらします。しかし、もともと机の長さが数 cm 違うので、今度は反対側がずれてしまいます。カナコは、<u>宮沢先生がそのずれた端をしっかり押さえてくれているのをちらりと見て確認しつつ、机の端から少し内側に入ったところに椅子の脚を合わせるようにして乗せました</u>。調子が出てきたカナコは、さらに背もたれのある椅子をもう 1 脚乗せようと、椅子を取りに行きました。

〈子どもの姿・楽しんでいること・思い〉

　2 脚目の椅子を乗せようとしているカナコですが、それでもまだ、2 脚の椅子の意味も、それによってカナコが何をしようと（楽しもうと）しているのかはわかりません。しかし、宮沢先生がもう 1 台の机を持ってきたことは、「安全」に配慮していることであると、カナコ自身は気づいています。机がズレていることに「ここが！」と指摘するのは、宮沢先生の「危ないのでは？」という気持ちを想像して、それに添う気持ちがカナコの中にあったように読みとれます。それは、次の下線部の椅子の脚を合わせる時の様子にも現れています。

〈保育者の援助の意図・思い〉

　宮沢先生は、カナコが自ら、「ここが！」というのを見て、何をしようとしているかは相変わらず不明でしたが、何か「確かなもの」にしようとしていることはわかったそうです。彼女が何をしようとしているのか、その意味はわからなくても、わからないまま受けとめて彼女に添うことを決意した場面です。

第 2 節　子どもがはじめることを大切にする

〔事例 1-③〕「これは、マズイのかもしれない……。でも守りたい、せめぎ合い」

　すると、先ほどからずっと近くでブロックをしながら見ていたシロウ（3歳児クラス）が、「いけないんだよ」と、「さっきから思ってたんだけどね！」という感じで言いました。これまでずっと良いとも悪いとも言わずにいた宮沢先生は、シロウの方に少し身体を傾けて「何か考えがあるみたいなの」と言いました。短いけれど丁寧なことばで、いつもとは違う状況を許して、見守っているところであることをシロウに説明しました。その言葉を聞いてカナコは、はっきりと自分の状況が認められていることを理解しました。そして、次々に椅子を乗せようと持ってきました。さすがに宮沢先生も、「カナちゃん、これ以上は多いと思うわ」と、カナコが持ってきた椅子を触って示しながら伝えました。するとカナコは、何も言わず、すぐに乗せかけていた椅子を下ろしました。しかし、カナコはどうしても椅子をもう1脚乗せたいようで、宮沢先生の顔を見ながら、今、机の上に乗っている椅子をじりじりと少しずつずらしてスペースを作ると、これならばどう？　というかのようにして、そっと、椅子の脚を片方乗せました。宮沢先生は、それならばまあ……というように、カナコが持ち上げる椅子に手を添えて支え、机に乗せるのを手伝う格好になりました。これで、2台の机がつけられた上には、丸椅子が1脚、背もたれのある椅子が3脚乗せられました。

〈子どもの姿・楽しんでいること・思い〉

　カナコは、3歳児のシロウに「いけないんだよ」と、自分でもすでに気がついていたことを指摘されて「ドキッ」としたことでしょう。しかし、思わぬところで宮沢先生からの承認を受け、張り切り出します。まだ、それでどうやってあそぶのか、何ができあがっていくのかは相変わらず不明のままですが、自分が、危ないところは気をつけてやっていることを宮沢先生と周囲の人たちに伝えるしぐさをしつつ、カナコ自身も何となく自分の目的が見えてきたのではないかと考えることができます。

〈保育者の援助の意図・思い〉

　宮沢先生はカナコのはじめたことを見届けようと静観してきましたが、シロウの言葉を受けてハッとします。「そうだ、これはいつもならば私が机に椅子を乗せてはいけないと注意をする場面だ！　マズイことをしているのかも……」と。そう戸惑いつつも、ようやくカナコが自分からはじめた、何か「確かなものになりつつあること」を守りたい思いで、「何か考えがあるみたいな

の」と、シロウに「今は乗せても いいことにしている理由」を説明 します。思いがはっきりと言葉に されたことで、様子をうかがい あっていた状況は進展し、カナコ が「ケアする世界」を宮沢先生も ケアする、という状況になってい きました。

写真2-1　事例1-③2台の机の上に椅子が4脚

〔事例1-④〕「カナコの目的を探りつつ、自分の最善を探す」
　宮沢先生は、椅子が落ちて危なくないように、椅子をきっちりと机の中央に寄せました。カナコは大きな風呂敷状の布を椅子全体に被せています。その間、宮沢先生は小さなハンカチのような布で、2脚の椅子の背もたれの部分を結んで固定させようとします。カナコはしっかりその様子を見て、宮沢先生のしようとしていることの意味を感じとっているようでした。
　宮沢先生が「しっかりと、こうやって……！（ぎゅっ）」と言って縛ると、カナコは、椅子がグラグラと動かなくなったことをオーバーアクションで椅子を揺らすふりをして示して見せました。そして、自分でももう片方の椅子の脚と脚を結ぼうとしました。そのカナコの姿を受けて、「結ぼう結ぼう、ここを！」「いいねえ」と宮沢先生が言うと、カナコはさらに調子が出てきたようで、大型積木の板を出してくると、机に乗せた椅子の下の空間に差し込みました。板の幅は、椅子の脚と脚の間の幅とほとんど一緒ですから、板を斜めにしなれば入りません。案の定、一枚入れると板は椅子の脚にぶつかりずれてしまいました。それでも、カナコは結んだ布を外して椅子のずれを直すと、もう一枚板を持ってきて、もう一方の側の空間に、今度は慎重に差し込みました。宮沢先生は布をめくり上げて、カナコが板を差し込むのを助けます。カナコが板を2枚差し込み終えると、宮沢先生は3歩後ろに下がり、全体を眺め、「ほう」と今の状況を確かめるかのように笑みました。

〈子どもの姿・楽しんでいること・思い〉
　カナコの行為は「探り探り」ではなくなります。今自分がしていることは、一般的には危ないこと（許されていないこと）であるから、気をつけていること

第2節　子どもがはじめることを大切にする　47

が先生や周囲にもわかるようなアピールもします。自分が認められていることがはっきりとわかると、今度はカナコの方が保育者に添うのです。そして、ここを転換点として、この場所を面白くするためのアイディアが具体的に出てきます。カナコ自身もはっきりとやりたいことが見えてきたところです。

〈保育者の援助の意図・思い〉

　これまで言葉で伝えずにいましたが、カナコの様子を受けて「それ以上は多いと思う」「結ぼう結ぼう」「いいねえ」という言葉が出てきます。つまり、事例 1-③でシロウ（3 歳男児）から社会規範的に「いけないんだよ」と言われたので、双方で様子を見合うようにしながら、目に見えないせめぎ合いと妥協を繰り返しながらも、支えることが見えてきたので、彼女に添っていく状況になります。カナコの目的を探りつつ、保育者もまた自分がする最善の方法を探そうとしていることがうかがえます。

> 〔事例 1-⑤〕「いいわけをする　最大の危機の落着」
> 　途中そこを通り過ぎる保育者がいると、宮沢先生はないしょ話をするかのように口に手を当て「謎は深まるばかり」と、その保育者の方を見てうなずき、カナコのあそびのなりゆきを見守っていることを示して伝えました。

〈子どもの姿・楽しんでいること・思い〉

　他の保育者に宮沢先生は何かを伝え、その先生が笑顔でその場を去っていく様子は、カナコにとって、宮沢先生以外の保育者にもこのあそびを認めてもらえたと感じたのではないでしょうか。

〈保育者の援助の意図・思い〉

　3 歳男児の社会規範的な発言以上に、保育者として気がかりなのは「保育の場」を守らなければならない同僚保育者の視線なのかもしれません。「自分がふだんダメと言っていることを、率先してやっている状況にいいわけをしたのかもしれない」という宮沢先生の発言からうかがえます。しかし、この「いいわけ」によって宮沢先生がカナコのあそびのなりゆきを見守っていることが示され、同僚保育者もまた、共にこの場にある「カナコがはじめたこと」の守り手の 1 人になります。「最大の危機」の落着です。

48　第 2 章　子どもからはじまる保育の実践

〔事例 1-⑥〕「あそびがあそびになる（あそびの中身が出てくる）」
　次にカナコは、小さい動物のぬいぐるみを２つ両手に持ってきて、椅子に被せた布が作るお家のような空間に入れました。それを見て、宮沢先生は、布をもう１枚被せると、また３歩後ろに下がって、全体を見て、カナコの様子も見守ります。そして、宮沢先生もカワウソのぬいぐるみをそっと入れ、「なんか、幸せな感じよ！」と言い、もう一度、椅子の下の空間を覗き込んで、「素敵。あ〜（ほっとした感じ）！」と、納得したように言うと、今度はカナコが布を椅子の下にはさむのを積極的に手伝います。机の上に置いた椅子の脚で布をはさむと、机の下が布で覆われて、机の下の空間も部屋のようになりました。そこは、ぬいぐるみではなく、人間（カナコ）が入れる空間になり、カナコは、机の下を四つ這いで通り抜けました。すると、さっきから惹きつけられて様子を見ていた４歳児のサチと、アスカが「何ごっこ？　入っていい？」と机の下を覗き込みました。

〈子どもの姿・楽しんでいること・思い〉

　カナコには、具体的なあそびが少しずつ心の中に浮かんできていたのかもしれませんが、椅子の下に入るくらいの小さなぬいぐるみを持ってきたところから、周囲にもはっきりあそびの中身が見えてきます。机の上に置いた椅子の下は風呂敷で囲まれた「カワウソ」の「おうち」

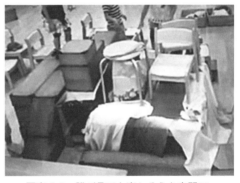

写真 2-2　誰が見ても楽しそうな空間に

にして、その机の下の布で囲まれたところは、子どもが通り抜けられる（自分が入る）スペースになりました。
　サチとアスカは、少し前から何がはじまるかと興味津々で見ていました。「いけない（危険な）こと」が「大丈夫なこと」になると、その時を待っていたかのように安心して仲間入りを宣言するのです。

〈保育者の援助の意図・思い〉

　カナコのはじめたことが「危険」な状態にも「危機的」状況にも向かわずに、あそんでいられる段階になったことに心からホッとしていることが、保育

第２節　子どもがはじめることを大切にする　49

者の「なんか、幸せな感じよ」という言葉ににじみ出ています。この「なん
か、幸せな感じ」という言葉は、ぬいぐるみが入っている空間を覗き込んで、
ぬいぐるみのいる世界（場）の温かさを感じて発せられた言葉だと思います
が、宮沢先生の安堵の言葉にも受け取れます。

　そして、あそびの中身が出てきたら、あとは子どもたちにすっかり任せるの
です。

2．わからないまま肯定的に持ちこたえる

　5歳児のカナコと宮沢先生がはじめたこのあそびは4歳児の保育スペースで、
ひとつながりのスペースを棚や机でゆるやかに仕切っている広い保育室であ
るため、3歳児、4歳児、5歳児とも互いの場所をよく見渡すことができます。
「カナコのあそびのはじまり」は、3歳児と4歳児が何となく交わる境目の場
所の夕方の時間のできごとでしたので、3歳児も4歳児もこの「5歳児のお姉
さん」と宮沢先生がすることを興味津々で見ていたのでした。

　そのような中ではじまった事例の冒頭は、宮沢先生もカナコもほとんど言葉
を交わしていません。「いっしょにあそぶ」という確認や、「みせたいものがあ
る」という言葉での確認はあるものの、後はほぼ、互いに相手の行為を見て探
りあい、応じあっている様相です。はじめカナコは、どんなことがしたいと
思っていたのか、何度ふりかえってみても、はっきりとした目的があるように
は見えませんでした。

　しかし、カナコが丸椅子1脚を机に乗せ、「これどう？　大丈夫かな？」「こ
の椅子には布（風呂敷）をかけるのよ。どう？」「あ！　なんだかここは、ぬ
いぐるみが入れそう。お家ってことにしようかな？」というように、1つやっ
てみては「どうかな？」と視線で宮沢先生と確認し、次を考えるといった様子
なのです。宮沢先生は、はじめはビュンビュンゴマをぐるぐると回しながら外
側から見ていますが、カナコの視線に応じて、「ふむふむ」と良いとも悪いと
も、何とも読めない、けれども決して拒否するものではない表情で見ていま
す。そして、危ない状況に向かいそうになると、サッと手を出します。カナコ

50　第2章　子どもからはじまる保育の実践

もそれを感じていて、危なそうと思うと「ここが……！」と宮沢先生に伝えています。互いに「危ないことには配慮した上で、これをしています。ね、そうでしょ？」という了解があるかのようです。しかし、２人の間の了解が周りにいる人に必ず伝わるとは限りませんから、何がはじまるのかと近くで見ていたシロウ（３歳男児）は「いけないんだよ！」と言います。すかさず宮沢先生はわかっているのですと言わんばかりに、「何か考えがあるみたいなの」と、この状況をしばらく見守っていることを短いけれど丁寧な言葉で伝えます。また、「おや？」と近くを通り過ぎる同僚保育者には、短く一言「謎は深まるばかり」と言うことで、どういうわけかはまだ説明がつかないけれども、この状況を大事に見守っているところであることを伝えます。それを受けて、同僚保育者も「あら、何ができるのかしら」とだけ言って通り過ぎるのです。

　ふだんは、机の上に椅子は乗せない約束になっているのに、何ら説明もされず、何か事情があるわけでもなしに、カナコがはじめたこのことが守られるのはなぜでしょうか。カナコのしていることは、何か特別大事なことだったのでしょうか。そうなのです。特別大事なことだったのです。ただし、カナコだけではなく、どの子がはじめたことでも、どんな些細なことでも子どもがはじめたことは特別に大事にされるべきことなのです[3]。

　しかし、保育者にとって、子どもが何をしているのかもわからず、ただ一緒にいるという状況は、「困ったな。私に依存しすぎるな」と感じるかもしれません。宮沢先生もまた、自分にもたれかかる彼女にどうすることが、彼女にとって「あそべた」ことになるのかと探りつつ、「でも、夕方の時間だし、もう少しやるか！」と彼女の着地点がわからないまま、彼女から出てくる行為を肯定的にとらえて、ともにその場にいたのです[4]。

　自分がはじめたことを、大事に見守られたカナコの行為は、まだあそびになっていない、言うならばただの「思いつき」です。しかし、「こうしたら面白くなりそう」を一つ一つ重ね、目くばせと互いの応じ合いによって調節されながら、あそびの形になっていきます。そして、ある地点で爆発的に「面白いあそび」へと変化すると同時に、「いれて！」と仲間が入り、「高速道路にす

第２節　子どもがはじめることを大切にする　51

る？　どうする？」「空港が見えるんです」「池袋」「サンシャイン」「板は？」「そこにつなげて」「置いて」「そっち持って」「みんなの〜」「ここ休憩」「新幹線」と言葉が一気に飛び交い、やり取りがなされていきました。

　この日のあそびが終わる（帰る）頃、カナコは宮沢先生に「なんだか、人気が出たね！」と言って照れくさそうに笑いました。そして、翌日にはカナコではなく、別の4歳児が同じあそびをするようになり、しばらくこのあそびは続きました。カナコは宮沢先生に「またやろうね」と言い、宮沢先生も「そうね！」と応えましたが、その後は宮沢先生とではなく、友だちとそのあそびをしていました。この時のことを「なんだかよかったこと」として心に残しつつ、次へと自分のあそびの世界を広げていったのです。

第3節　子どものあそびの広がりと変化

1. あそびの広がりに着目した保育実践

　あそびが広がったり、変化したりする時には、子どもの楽しんでいることも動いています。そして、その子どもの姿に連動するようにして保育者の心も動き、配慮や意図、環境の構成を変化させています。前節の実践事例では、あそびのはじまりに着目し、変化というよりも、あそびになっていく、あそびが生まれていく実践事例として、子どもと保育者の「思い」を考察しました。今節の実践事例では、あそびの広がりと変化に着目し、**「子どもの姿・楽しんでいること・思い」**に連動して行われる**「保育者の援助の意図・思い」**を見ていきたいと思います。また、子どものあそびに合わせて、保育者が環境をいかに構成していくのかについても考えたいと思います。

（1）あそびの進展を考える

　「なぜだろう。子どもたちは何を求めているのだろう」と鈴木先生は悩んでいました。年長の子どもたちのあそびが、いまひとつ盛り上がらないのです。たまに夢中になってあそんでいても長続きしません。鈴木先生は、園の保育

者たちと話しあい、考えたあげく、年長児が挑戦できるあそびとして木工のコーナーを園庭の一角に出してみることにしました。こうして、年長だけの特別な場所として「あそびば」が誕生しました。

「あそびば」ははじめ、"木工専門"のコーナーとして設置されましたが、年長児だけで深めていきたいあそびが、何でもさまざまに持ち込まれる場にもなっていきました。「泡づくり」もその1つです。この事例は色水あそびからはじまり、「カフェラテが作りたい」といったヒロコの声に応じて、保育者が石鹸の削り粉を渡したことからあそびが広がり、変化していきます。図2-1には「泡づくり」のあそびがどのように進展していったのか、その大まかな流れを示しました。

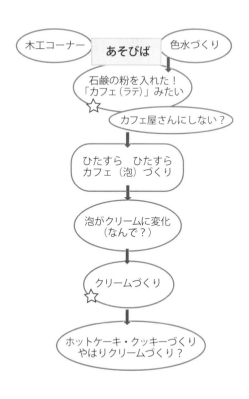

図2-1　あそびの進展の流れ

事例の中では、次につながるポイントを実線〈子どもの姿・楽しんでいること・思い〉や波線〈保育者の援助の意図・思い〉で示しました。物語の中身を追うために、現実に起こっている内容をすべて記すことを避けていますが、考察では、事例の背景でポイントになる内容と重要な関係があると思われることを解説し、なぜそうしたのかがわかるように補っています。

「カフェ（泡）づくり」の流れの中で転換点と思われる2つの地点を図2-1の中に☆印で示しました。この2つの☆印の部分の実践事例を見てみましょう。

第3節　子どものあそびの広がりと変化　53

（2）あそびの広がりを見守る

〔事例2-①〕「カフェラテの発見まで」

　ある日、年長の女の子たちは、色水づくりをしていました。

　きっかけは、ヒロコの「カフェみた〜い！　これ、カフェラテにしたいな」という言葉でした。近くにいた田中先生はその言葉に応じて、手洗い用のレモン石鹸を削り、「これ、泡にならないかな」と言ってヒロコに渡しました。ヒロコは受け取った粉の石鹸をコーヒー色になった色水の中に入れ、あそび用に出された泡だて器でかき混ぜてみました。すると……、色水が見事に泡立ちました。「カフェラテ！」ヒロコの瞳は輝いて、満足気です。それを見ていたアヤカとサトミが「つくりたい、つくりたい！」と言うと、ヒロコは、「ねえ、カフェ屋さんにしない？」と言いました。こうして「あそびば」の中には、木工のテーブル以外に「カフェ屋さん」のテーブルも設置されました。ヒロコたちは、「カフェやはじまります」「カフェやさん」という看板をつくり、「あそびば」と書かれた看板の隣に飾ると、せっせと泡づくりに専念しました。田中先生から事の成りゆきを聞いていた鈴木先生は、次の日、子どもたちの「カフェ屋さん」に合うようにと、カップやおぼんになりそうなもの、お店屋さんや喫茶店のイメージで何か使えそうなものを「カフェ屋さん」の近くに出しておきました。

　しかし、彼女たちはそれにはまったく見向きもせず、ひたすら泡を作るばかりです。そのうち「カフェ」という言葉は「泡」のことになり、「カフェやる？」は「泡立てる？」「泡つくる？」という意味になりました。

〈子どもの姿・楽しんでいること・思い〉

　ヒロコが小さな泡立て器でカシャカシャと色水を混ぜていると、ほんの少し泡が立ち、容器の縁に残るさまを発見すると、これをカフェラテにしたいと考えたようでした。自分たちで見つけたあそびを誰にも邪魔されない場所でやりたいとの思いから、年長の「あそびば」で続きをすることになりました。保育者から渡された石鹸の粉を色水に入れて混ぜてみると、気持ちよく泡立ち、色水の上に泡が乗った状態で、本物のカフェラテみたいでした。「もっといっぱい泡立てたい。どれ（道具）が一番泡立つかな？」という思いで、道具やかき混ぜ方、石鹸の量を工夫している姿がありました。

〈保育者の援助の意図・思い〉

　色水が「カフェラテ」に似ていることを発見したヒロコの姿を受けて、保育者が石鹸を削って渡してみたところ、あそびに目的が生まれたようです。子ど

54　第2章　子どもからはじまる保育の実践

もたちの偶然の発見を大事に見守ることにしようと考えました。鈴木先生には、「簡単に色水が作れるものよりも、考え、探索しながら作ってほしい」「季節の花で色の出る花、出ない花、見た目の花の色と色水にした時の色の違いなど、あそびながら気づいてほしい」「新たなことにも挑戦してほしい」という思いがあります。そこで、鈴木先生は、花びらなどの植物をすり潰して作る色水あそびの場も用意し、植物の色水を使ったジュースやさん、香水づくりへのつながりも担保しておきます。しかし、そう思う一方で、難しいことを避ける子には、「簡単にできるもので興味を持ち、みんなとあそぶ楽しさをまずは味わってほしい」とも思います。難しさを避ける子が、色に親しみ、色水を混ぜ合わせることで色が変化することを楽しめるように、絵具水▶5 も用意しました。あそびの発展は子どもに任せます。

　また、はじめは保育者が削っていた固形石鹸も「自分で削ってみたい」と子どもたちが自発的に削るようになっていく姿から、子どもたちが自分であそびを見つけ出しつつあることを感じ取り、今は子どもの要求に応じつつ、しばらく様子を見守ることにしました。

　カフェ（泡）づくりはどんどん仲間が増え、人気になりました。すると、石鹸が足りなくなってしまったので、保護者に大募集をすることになりました。各家庭から集まった石鹸はさまざまな色、形、香りで、それがさらにあそびの興味を広げていくことになりました。

写真 2-3　石鹸をおろし金で削る

写真 2-4　泡立て器で混ぜる

〈環境の構成〉

・花びらをすり潰せるように、子どもの手に合う大きさのすり鉢とすりこぎ（1 人前用の胡麻すり容器、100 円ショップで売っているもの）を 10 セット準備。透明[6]のカップやビニール袋も用意（横から見ても色の変化がわかる。つくる過程も楽しく！）
・色水を混ぜ合わせることで色が増えるようにするため、3 原色の絵具水[7]を用意
・絵具水はペットボトルにフタを閉めて濃い目のものを準備しておくが、随時、薄めて容器に小分けにして提供する
・石鹸削り用（おろし器、固形石鹸、粉状になった石鹸用フタ付きの器）
・かき混ぜる用（泡だて器大小、菜ばし）
・「カフェ屋さん」＝お店屋さん用（皿 5 枚、スプーン 5 本、カップ 5 客、おぼん 2 枚、新聞紙 1 〆）
・「カフェ（泡）づくりコーナー」と「木工コーナー」が交錯しないよう配置を工夫

〔事例 2-②〕「クリームづくりへの変化」

　研究者さながらに、石鹸をえらび、どれが自分好みの泡が立つのかと探ります。そして、満足のいく泡でできたカフェラテは家に持ち帰りたくなりますし、自分用に大事にとっておきたくもなります。自分の大事なカフェラテを「何に入れておこうか？　そう！　ペットボトルがいい！」そう思ったアヤカは、ペットボトルの口にジョウゴをつけてボウルで作った泡を流し入れます。フワッときれいに泡立ったカフェラテがペットボトル容器にゆっくりと流れていきます。けれども、中に入っていくのは液体の部分ばかり。泡はきれいにジョウゴに残ったままです。「そうだ！」と思い立って、泡に水をかけて流し入れてみますが、今度は泡が水で消えてしまいました。何度やってもペットボトルでは泡がきれいなままで入らないことがわかると、色々な容器を探し、試して、ようやく行き着いたのが、フタ付きのカップでした。

　こうして、カフェラテが保存できるようになると、面白いことが起こりました。泡が変化していったのです。何日か、とっておいた泡はまるでショートケーキにぬる生クリームのようです。もったりとした濃度があって、なめらかで、色のついたクリームはこれまでの「カフェ（泡）」とはまったく違っていました。そして、泡立てた「カフェ（泡）」は萎んできてしまうけれど、クリームはうまく作れば、長くクリームの状態のまま維持できることもわかりました。すると、今度は泡の状態でとっておくことはしないで、直接クリームを作ろうと工夫をします。色水に石鹸の粉を入れる時の水分量が肝心であることがわかると、少しずつ慎重に、ほんのわずかな色水をポタポタと入れます。この時入れる白い石鹸の粉の量はどんどん多くなり、子どもたちのイメージは「カフェ」（飲み物）づくりから「クリーム」（お菓子）づくりへと移っていったようでした。やがて、「白い粉を入れる

56　第 2 章　子どもからはじまる保育の実践

とクリームになる＝白い粉なら何でもクリームになる説」が子どもたちの間で、まことしやかに語られるようになりました。

そうなれば、やってみない手はありません。まずはオシロイバナの種の中の粉から……と、色水あそびからはじまった「泡づくり」は、子どもたちが「自分が、自分で、自分から」発案し、探索し、興味に従い変化させつつ、じっくりと続けていくものになったのです。

写真2-5　泡がクリーム

〈子どもの姿・楽しんでいること・思い〉

　子どもたちは、水分量や使った石鹸の種類の違いでとろみがついたり固まったりすることを発見しているようでした。泡を保存しておけるようになると、毎日「泡づくり」の続きができるようになりました。すると、泡が前日とは違い、固まった形状に変化していることを発見します。また、入れていた容器の形や材質によって泡の形状が微妙に違うことを見せ合う姿があったり、材料や量の加減によっても違った形状になるため、子ども同士で泡を交換し合う様子も見られました。

　さらに、泡を何度もはじめから作り直さなくてよくなったため、「自分の泡」に新たな石鹸を足していくことによって、よりクリーミーな状態を作れることを発見します。泡が滑らかな生クリームのように変化していくことを発見すると、「トロトロになった！」「クリームみたい！」「ホットケーキ作っているみたい！」と大興奮で喜ぶ姿があります。また、水を加えては混ぜて、石鹸を足しては混ぜてと試すうちに「泡が（泡立て器の中に）入っちゃう！」と泡が固い形状になると泡立て器が扱いづらいことを発見し、どんどんと石鹸の粉を入れて、固まった状態になっている子もいました。

〈保育者の援助の意図・思い〉

　子どもたちが、自分の泡への追求を深め、他の子の泡との違いを感じ、興味

第3節　子どものあそびの広がりと変化　57

を持っていく様子を見ると、体験的なものばかりでなく泡の研究につながる何かを保育者からも提案したいという思いが湧いてきます。

クリーム状に変化した泡は、子どもたちにこれまでの「泡」とは異なるイメージをもたらしたようでした（ホットケーキを焼いた時の生地を思い出しているのかもしれない）。白い粉にも気持ちが向いているので、さまざまな白い粉（オシロイバナの種、小麦粉、片栗粉など）を想定しておくことにしました。

また、泡がもったりとしたクリーム状になると、泡立て器の中へクリームが入ってしまうことに気づく子どもの姿を受けて、子どもたちが不便な状態を工夫して自ら脱却するのを待つか、道具を保育者の手で増やすのか迷いました。しばらくは見守ることにしましたが、よいタイミングを見計らってシリコンベラを出しました。道具も物の形状によっては不便になることを知り、新たな道具で作ってみることで、物の用途にも興味を傾けてほしいとの思いからです。クリーム状になった泡から次に何ができるかを子どもたちと一緒に探りつつ、保育者も実験的な追求と同時並行的に提案できる何かを考えて、影ではシリコン製の型抜きで固めた石鹸づくりや、石鹸玉（シャボン玉）の作成の準備をはじめています。

〈環境の構成〉

- ・毎日続きができるための工夫として、タッパーウエアのようなフタ付きの透明の水差しボウルを 20 個用意
- ・牛乳パックを開いたものをカードサイズに切り、それに名前を書いて泡に乗せることを提案し、泡に名前を添えられるように工夫（牛乳パックの紙ならば濡れても大丈夫）
- ・泡だて器の間に泡が入ってしまうためシリコンのヘラや、プラスチックのスプーンを増やす
- ・泡が石鹸のように固まってきたことを受け、シリコンカップや型抜きを用意

（3）好奇心に応答する

「白い粉なら（何でも）泡立つのでは？」という仮説を言う子が出てきたので、オシロイバナの種の中の粉を集めて、水を入れ泡立つか実験し、小麦粉で

も実験しました。その様子をうけて、ホットケーキ作りを想像したのか「フライパンで焼ける？」と聞く子も出てきました。石鹸を増やして作った泡が固まってくれば、「クッキーだ！」「石鹸だ！」「あら、石鹸に戻っちゃったね」とそんな子どもたちの姿に、保育者は「次は何が出てくるのか」とワクワクしながら、自分の中にもプランを携えつつ、応答し続けています。

2．実践をふりかえる

「カフェ（泡）づくり」は「色水づくり」をきっかけに、じっくりと続いていくあそびになりましたが、これは偶然の賜物でしょうか。確かに、このあそびはヒロコが色水をかき混ぜるという行為から自然に発生したもので、保育者が事前に立てた計画案に沿うように、子どもたちのあそびをコントロールしているものではありません。子どもたちは自分で楽しいことを探し出し、試し、追求しています。ではその時、保育者は何をしていたのでしょうか。事例を2つ示して考察したように、子どもの姿に合わせて子どもが自分であそびを楽しんでいけるよう、絶えず起こる子どもたちのあそびの変化に子どもたちと一緒に驚きながら、応じていました。そして、子どもの姿から、この先の子どもの姿の予測も立てて、環境も整えていました。

実は、はじめに示した図2-1を作成した時に本当はもっと、子どもが考えているであろうことや、保育者の意図を盛り込んだ図を描こうと

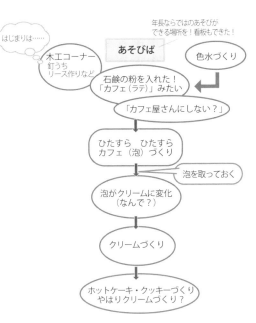

図2-2　あそびの流れ

第3節　子どものあそびの広がりと変化　59

考えていましたが、わかりづらくなってしまうのでシンプルに話の流れだけを描きました（図2-2）。ところが、それだけでは、あそびの変化の「流れ」はわかりやすいものの、子どもの姿が見えてきません。子どもがその時「どう考えた」から「こうした」ということがわからないので、その時「子どもたちが考えていたであろうこと」を吹き出しにして加えてみました（図2-3）。すると、子どもたちが工夫してあそんでいる姿が見えてきました。しかし、それだけでは、子どもと応じ合っている保育者の姿が見えてこないので保育実践にならないと感じました。そこで、保育者が応じた内容も図に加えてみることにしました。それが、図2-4です。この3つの図を合わせてみて、ようやく保育実践らしくなりました。それでも、もう1つ、肝心な環境の構成が足りません。実は、具体的な環境の構成はすでに「あそびば」を作ることになった経緯の中に現れており、子どもの心の動きとあそびの変化に応じて保育者によって出され

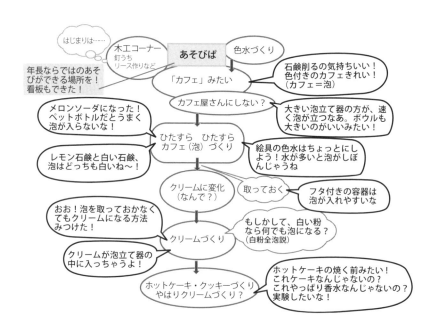

図2-3 子どもたちの「思い」を加えたあそびの流れ

ていたさまざまな道具の中に現れていますから、取り立てて図にする必要はないと考えました。保育者はそうした環境を構成し整える中で、子どものあそびを守り、配慮し、援助しているのです。ですから、保育者の援助の意図は環境の中に埋め込まれているとも言えます。なぜ、図が3つになったのかを考えると、保育の大事な要素が何なのかが見えてきます。つまり、子どもたちのあそんでいる姿（行為）は、常に子どもたちの思いや気持ちが"込みである"ということ。その思いや気持ちがともなった行為に瞳を凝らし、耳を澄ましている保育者が、子どもに応答的に近くにいて子どもたちが自分を生かせる環境を構成していること。その全てを満たして、保育であると考えるからなのです。図2-2の子どものあそびの流れを保育者が立てた計画として「保育の活動内容」に書いても同じ保育をしているように見えてしまうかもしれません。しかし、それでは図2-3に示したような豊かな子どもたちの心の動きはありません。

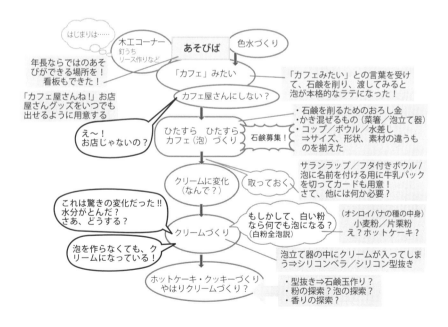

図2-4　保育者の「思い」を加えたあそびの流れ

第3節　子どものあそびの広がりと変化　61

《身近な保育実践を思い浮かべて考えてみよう！》
①子どもたちはどんなことを不思議に思い、楽しいと思っていましたか？
　子どもたちはどのような工夫をしていましたか？（**子どもの実態の把握**）
②この先、あそびがどう発展していくのか、子どもの姿を予想してみましょう！
　（**ねらいの基となる「子どもの姿」の予想**）
③子どもの姿から「ねらい」を立ててみましょう（**「ねらい」**）
④「子どもの実態」と「ねらい」からあそびの中にどんなことを提案しますか？
　（**「内容」**）
⑤具体的に何を用意しますか？　どのような環境の構成をしますか？（**「環境の構成」**）
⑥あなたの準備や環境の構成であそぶ子どもの姿を想像した時、どのような援助
　と配慮が必要だと思いますか？（**「保育者の援助」**）

第4節　子どもからはじまる保育実践とは

　ここまで、子どもがはじめたことを大事にすることで、子どものあそびの世界がはじまるということについて、そして、子どもがはじめたことが広がり、変化していく様を応答的に支えることについて、それぞれ事例を通して考えてきました。2つの事例に共通する子どもの姿と保育者の配慮・援助をキーワードで示し、私が大事に伝えたいと考えている保育実践について、短く整理してまとめに代えたいと思います。

①子どもがはじめたことを大事に待つ

　子どもがはじめることには、子どもの意図があります。していること自体に意味はなくても、「何かある」と感じ取り、子どもが気にかけていることを支え、保障することが大事です。

②はじめたことがはじまりではない

　子どもがはじめたことが、必ずしもあそびのはじまりではありません。子どもの心が動き出し、興味や関心に触れた時、あそびになります。

③変化が止まると「おわり」になる〜おわりも大事

　子どものあそびが探求されて深まったり、思いがけない方向に広がったり、

さまざまな変化に気づき、発見があるほどにあそびは長く続いていきます。そして、「もう充分」「やりきった」と感じれば子どもは自分で終わりにします。終わりも大事です。

④子どものプランは追求する

明らかにおかしなことや社会的規範からズレていることでも、いったん引き受けましょう。子どもたちは自分で試行錯誤を繰り返し、確認するのです。そこで気づいたことや、できるようになったことなどを使い、考えたり、試したり、工夫したり、表現したりする基礎を培うのです。

⑤自分（保育者）のプランは深追いしない

子どものプランに応じ、それがより豊かな経験になるように自分のプランも携えています。しかし、それはあそびや環境を通して行うことです。自分のプランが子どもの姿からズレていないか、常に子どもの姿に返りましょう。

⑥子どもは自分の最善を探求している

子どもたちはより「よく」したいという思いの中で生きています。その思いがあそびを探求させ、新しい発想を生み出します。それは、人を肯定的に受け入れる関係の中で発生する現象です。だから、子どもは自分の最善を探求し、他者の最善も尊重するのです。

⑦保育者もまた自分がする最善の方法を探索している

人を肯定的に受け入れる関係の中にあって、保育者もまた、自分がする保育実践の中で、最善の方法を常に探しています。

⑧保育は「子どもが」からはじまる、「子どもを」や「子どもに」ではない

保育実践は、あそびを通して総合的な学びを支え、保障するのであり、環境を通して行われるものです。ここに「子どもからはじまる保育の実践」が示す、子どもの姿と保育者の援助と環境の構成との関係があります。「いろいろなものの名前を覚えていくことの価値は、どれほど楽しみながら覚えるかによって、まったくちがってくる」「子どもが知りたがるような道を切りひらく」ことが重要だとレイチェル・カーソンは言います。

私が事例を通してみなさんに伝えたかったことのエッセンスをキーワードにして詰め込みました。保育は小さな子どもが一人の人間として育っていく営みです。生活の中に、関わりの中に、環境の中に、子どもたちの育ちはあります。

　最後にもう一度、レイチェル・カーソンの言葉を引用させてください。

　「子どもたちがであう事実のひとつひとつが、やがて知識や知恵を生みだす種子だとしたら、さまざまな情緒やゆたかな感受性は、この種子をはぐくむ肥沃な土壌です。幼い子ども時代は、この土壌を耕すときです」（レイチェル・カーソン、1991、p.23）。

【注】
▶1　保育は生きているから、子どもの姿や時代と共に日々変わっていくもので、子どもに寄り添う保育を考えたならそれは当然のことである。しかし、その保育の中にあって、変わらないもの、変わってはいけないものがあり、そのことを、倉橋惣三は保育における「新」と「真」と言っている。
▶2　佐伯胖氏は、著書『新・コンピュータと教育』の中で、「その子どもが見ようとしている世界を、いわば『斜め後ろから』ともに見る。その子どもが不思議に思うこと、楽しいと思うことを、ともに感じる、そういう存在になることである。今日、そういう意味での『ともにつき合ってくれる人』をこどもたちは切に必要としているのである。」（p.192）と述べている。
▶3　津守真氏は、著書『出会いの保育学』の中で、「保育者の役割は、その子をわからないまま肯定的に持ちこたえるということにある」（p.138）と言っている。
▶4　津守真氏は、著書『保育者の地平』の中で、「子どもが自分ではじめたことを大切にすることが保育の実践の出発点である」とし、さらに「子どもが納得して終わることは、同様に大切である」（p.251）と言っている。
▶5　絵具を水で薄めたもの。
▶6　透明のカップとビニール袋は、すりつぶした花の汁を入れるため。透明のものを選んだのは、それを外から眺められるように。
▶7　絵具を水で薄めたもの。

コラム **1** 子どもからはじまる保育実践の創造のために

　子どもからはじまる保育実践の創造のために計画を立ててみましょう。
〈子どもの姿（実態）〉→〈ねらい〉→〈保育の内容〉→〈環境の構成〉の順番
で考えます。〈子どもの姿（実態）〉には、実際にあそんでいる子どもの様子を書
きます。さまざまな子どもの姿の中から、立案時の子どもたちの姿をよく示して
いることを具体的、かつ短く的確にまとめて書きます。子どもの興味や関心／経
験していること／育ってきていること／生活の特徴などを、これまでとの変化に
視点をあてて考えてみましょう。とくに、保育者や友だちとの人間関係の変化、
生活やあそびへの取り組み方の変化、自然や季節の変化への気づきなどにもふれ
ておきます。そうしてまとめた子どもの姿について、「なぜこれが楽しいか？」と
か、「ここにこだわる理由は何？」など、子どもの「していること」に対して肯定
的な突っ込みをたくさん入れて、その子どもについて仲間と話をしてほしいので
す。子どもがしていることの意味を考え合い、子どもの思いに触れたいからです。
1 人の考えでその子を判断するのではなく、身近にいる同僚や、先輩保育者、時
には保護者とも、その子について話して考える時間を持つことは、子どもの育ち
にとって安心できることです。自分だけでは気づくことができなかったその子の
一面や、その子が「○○をした意味」を自分とは違う新たな側面から見ることが
できるかもしれません。このようにして、子どもの姿に対する理解を多面的に深
めると、保育者自身の気づきやねがい、思いが出てきます。「こんな育ちが見え
てきたから、次はこんなことも経験してほしい」「ここを乗り越えると、もっと
楽しめるようになりそう」と、それが具体的な〈ねらい〉の種になります。
　次の〈ねらい〉と〈保育の内容〉は 1 セットで考えましょう。〈ねらい〉とは、
子どもたちに育ってほしいと期待されることで、幼稚園教育要領の中では「心情・
意欲・態度」と言われるものです。〈保育の内容〉はこの〈ねらい〉に沿って子ど
もがどのような経験を積み重ね、身につけることが必要かを具体的に記します。
「保育者の援助と配慮」については保育を行う上で、子どもの姿にもう一度返っ
て、どんな配慮や援助が必要なのか具体的に書きます。一人ひとりの子どもを思
い浮かべつつ、クラスとしての子どもの姿も考えます。これは、環境の構成の中
にも埋め込まれています。子どもたちがその環境に自ら関わり、主体的に何かを
生み出せるような魅力的な環境になるよう考えられているのです。子どものあそ
びが楽しいものになるかどうかの分かれ目です。指導案の「環境構成」という欄
に、保育室の配置図や道具や玩具の数だけを描くように説明されているものがあ
りますが、それだけを「環境の構成」とするならば不十分です。保育（幼児教育）
が、環境によって行われるといわれるように、その保育の環境の中で「子どもの
姿（実態）」に描かれた子どもたちが生き生きと動き出す姿が容易に思い浮かば
なければ十分な環境の構成ができたとは言えません。その構成された環境の中で
子どもたちが育とうとする姿が立ち現れ、思い浮かぶことが肝心なのです。

【引用・参考文献】

・レイチェル・カーソン、上遠恵子訳『センス・オブ・ワンダー』佑学社、1991 年
・岩﨑淳子・粕谷亘正・及川留美『教育・保育課程論　書いて学べる指導計画』萌文書林、
　2015 年
・佐伯胖『新・コンピュータと教育』岩波新書、1997 年
・佐伯胖『「子どもがケアする世界」をケアする』ミネルヴァ書房、2017 年
・津守真・津守房江『出会いの保育学』ななみ書房、2008 年
・津守真『保育者の地平』ミネルヴァ書房、1997 年

【推薦図書】

・森上史朗・別府市立石垣幼稚園『保育は恋といっしょや――うみぐみあばれんぼう日記』
　小学館、1998 年
・レイチェル・カーソン、上遠恵子訳『センス・オブ・ワンダー』佑学社、1991 年
・佐伯胖編著『「子どもがケアする世界」をケアする』ミネルヴァ書房、2017 年

chapter 03 | 子どもからはじまる保育へのまなざし

浅見　佳子

第1節　子どもの育ちを支える保育者のまなざし

　第1章、第2章でも述べられているように、保育は子どもからはじまります。この意味は、保育者であれば誰もが理解していることのように思いますが、ふと気がつくと保育者から保育がはじまっているということはよくあることのように思います。なぜ、そのようなことになるのでしょうか。それは、大人からはじまる大人主導の保育の方がやりやすく、進めやすいからです。

　子どもの姿はいったん脇に置き、大人がいいと思うことを指導していきます。そして、できないことをできるようにし、1つの目標に向かって、みんなを同じように指導し、まとめていくのです。このようにして子どもの姿が変化していくと、誰にでもわかりやすい変化なので、保育者は自分の指導に対する達成感や充実感を味わい、保護者もわが子ができるようになったことを大変喜びます。そして、大人がきちんと指導をすれば、子どもは育つものだと思うようになっていくのです。

　保護者の中には、家では言うことを聞かない子どもが、先生が教えてくれることはよく聞いてよく育っていくと思い、教え―教えられる関係を至極真っ当なこととしてとらえてしまうことがあるように思われます。

しかし、そこからは、子どもが本当になりたい自分になれているのかどうか
は見えてきません。一見すると、できることが増えた子どもは大きな成長を遂
げ、何にでも意欲的、積極的に取り組んでいるように見えます。しかし、そこ
には、「これをやりたい」、「本当にこのことを知りたい」というような自己決
定はありません。先生が言ったから何となくやる、「やらなければならないか
らやる」、という受動的な活動になっていることが少なくないのです。それで
は子どもの自ら「やるんだ」という意欲や向上心、挑戦する力、納得するまで
やり抜く力、1つのことに集中して没頭する力は育まれていかないのではない
でしょうか。

　できるようになることは素晴らしいことです。できることが増えれば自信を
持ってさまざまなことに挑戦する力も養われていくでしょう。しかし、何がで
きるようになりたいのかを決めるのは子ども自身です。「今はまだできなくて
もいい」と思う子どもがいたならば、その気持ちも尊重されなければならない
のです。

　私たち保育者は、子どもが自己決定することをできる限り尊重し、子どもが
心の底から楽しみ、やりたいと思うことを実現できるように支えていく援助に
ついて、本気で考えていかなければならないのだと思います。

　もちろん、大人が子どもに対しての願いを持ってはいけないと言っているわ
けではありません。ただ、その大人の願いに対して、子どもがどう考えてい
るのかということに目を向け、子どもの姿から、子どもの納得した思いから、
日々を大切に過ごしていきたいものです。

　この章では、一人ひとりの子どもの思いに目を向け、一人ひとりの思いを育
むまなざしを持って保育を営んでいくとはどういうことなのか、みなさんと一
緒に考えていきたいと思います。

1. 育ちを支えるということ

　倉橋惣三は『育ての心（上）』の中で、「子どもらが帰った後」という文章を
書き留めています。この文章を読みながら保育者のまなざしについて考えてみ

ましょう。

　　子どもらが帰った後、その日の保育が済んで、まずはほっとするのはひと時。大切なのはそれからである。

　　子どもといっしょにいる間は、自分のしていることを反省したり、考えたりする暇はない。

　　子どもの中に入り込みきって、心に一寸の隙間も残らない。ただ一心不乱。

　　子どもが帰った後で、朝からのいろいろのことが思いかえされる。われながら、はっと顔の赤くなることもある。しまったと急に冷汗の流れ出ることもある。ああ済まないことをしたと、その子の顔が見えてくることもある。——一体保育は……。一体私は……。とまで思い込まれることも屡々である。

　　大切なのは此の時である。此の反省を重ねている人だけが、真の保育者になれる。翌日は一歩進んだ保育者として、再び子どもの方へ入り込んでいけるから（倉橋、1976、p. 45）。

「子どもの中に入り込みきって、心に一寸の隙間も残らない。ただ一心不乱」と書いてあるように、保育者は、一人ひとりへの配慮と全体に目を向ける保育者としてのまなざしを持ちながら、子どもが見ている世界をともに見ようとするまなざしも持って、子どもの中に入り込んでいます。うっかり保育者という立場を忘れて、本気で子どもと追いかけっこをしていた、必死で砂を掘って、山づくりをしていたということは、よくあることのように思います。このように、保育者が主体となって子どもを保育の中に引き込むのではなく、保育者が子どもの中に入っていく姿勢を持つことが大切なのです。つまり、保育は子どもからはじまっていくのです。

　では、子どもの中に入り込んでさえいればよいのでしょうか。そうではありません。子どもたちとのあそびをともに楽しむ時もあれば、少し離れてその姿

を見守る時も必要です。なぜならば、今の子どもに必要な経験は何であるかを考え、一人ひとりの育ちを考えた環境を構成し、個とクラス全体に対する援助等を考えて次の実践を歩んでいかなければならないからです。

　繰り返しになりますが、子どもの育ちを支えていくためには、時に子どもの中に入り込み、時に距離を置きながら、子どもが見ている世界をともに見ようとするまなざしを持つことが大切なのです。では、そのようなまなざしは、いつどのようにして養われていくのでしょうか。

　子どもと一緒にいる時はもちろんですが、倉橋も述べているように子どもが帰った後の時間というのも重要な時間の1つであるように思われます。

　あの子の行為にはどのような意味があるのか、子ども同士の関係をどのように支えていけばよいのか、自分の言葉がけはよかったのか、今の子どもたちにとって、どんな環境が必要なのか等、保育者はさまざまな場面を思い返しながら日々の保育をふりかえっていきます。

　子どもがいる時はもちろん、子どもが帰った後、実際に子どもがいない休日でさえも、常に子どもの姿を思い浮かべながら、子どもの世界をともに見ていくまなざしを保育者は持っています。このまなざしを持ち続けることが保育を営んでいく上でとても大切なことなのです。

　子どもが帰った後、自分のシフトを終えた後、ちょっとした休憩の時間、誰に言われるでもなく、今日の子どもの姿を語りたくなるのが保育者です。こんなことがあった、あんなことがあった、その何気ない思いを語り合うことの中に、子どもの育ちを支えるためのヒントがたくさん隠されているのです。

　語ることにより、自分が子どもをどのようなまなざしで見ていたのかが明らかになります。子どもを支えるまなざしで見ていた時もあれば、そうではない時もあるでしょう。そんな時も、「今日の関わりは、子どもを支えられていなかった」ということに気づくことが大切なのです。もし、そのことに気がついたならば、次の関わりをどのようにしていくのか、次の実践にどうつなげていくのかを考えていけばよいのです。

　1人担任であっても、子どもは1人の保育者が育てていくわけではありませ

ん。保護者はもちろんのこと、園全体で育ちを支えていきます。ですから、子どもの育ちも1人の保育者が見て判断するのではなく、同僚をはじめとする園に関わるみんなのまなざしが必要になるのです。

　一人ひとりの子どもを支えるためには、一人ひとりの保育者が、一人ひとりの子どもを支えるまなざしを持って子どもを見ていくことが大切です。そのまなざしを持って、保育後や掃除の時間、安全に十分注意を払った上での午睡の時間等、ちょっとした時間にみんなで自身のまなざしについて語り合ってほしいと思います。そして、その時にはできる限り肯定的に、共感的に子どもの姿をとらえ、一人ひとりの子どもにとっての支えとなる保育について話し合っていきましょう。

2. 子どもの世界に目を向ける

　何度も述べているように、保育は子どもからはじまります。そして、子どもの行為の意味や言葉にならない思いに目を向け、心身の育ちを見取ること、子どもを理解することなくして保育を行っていくことはできません。では、子どもを理解するとは、どういうことなのでしょうか。

　子どもを理解するためには、保育においての基礎知識や、それぞれの年齢の発達の姿を知っておく等、保育の専門家としての知識、技能を身につけておくことが必要です。しかし、それだけでは、子どもを理解することはできません。

　保育者は、子どもがどのような思いを持って今を生きているのかに目を向け、その世界をともに見ながら歩んでいくことで、少しずつ子どもへの理解が深まっていくのだと思います。

　みなさんも、子どもの目線に立って一人ひとりに寄り添うことの大切さや、子どもの気持ちを受けとめることの必要性は何となく理解しているのではないでしょうか。これらは、子どもを理解する上で欠くことはできません。

　子どもの目線に立ってという言葉の中には、子どもの目線の先にある世界を大切に見るという意味が含まれており、寄り添うという言葉の中には、子ども

第1節　子どもの育ちを支える保育者のまなざし　71

の思いに心を寄せてみるという意味も含まれています。そして、気持ちを受けとめるという言葉の中には、子どもが見ている世界を受けとめるという意味も含まれていることでしょう。保育者は、このようなことを理解した上で、子どもが表現する世界を知ろうとする姿勢を持つことが大切です。

　子どもは誰に教えられたわけでもなく、日々、よりよい自分を目指して生きています。子どもが行う行為の1つ1つの中には、自分で自分を育てながら、よりよく生きていこうとする思いがあるのです。

　大人からすると一見、困った行為に見える中にも、子どもは自分なりの考えの中で、多くのことを学び、自分で自分を育てています。その思いを無視して、保育者や大人が思う望ましいよさを押しつけることはできないのです。

3.「私」のまなざしを持つ

　子どもを見るという時には、できる限り肯定的なまなざしを持って見ていかなければならないことは誰もが理解していることでしょう。

　ただ、よりよいものを目指すための課題や、何か目の前に問題があって、それに真正面から向き合わなければならない時には、課題や問題に対して、1人の人間としての「私」のまなざしが必要になることもあるように思われます。これは、ただ、「私」の主張をするということではなく、子どもとも同僚とも互いの思いを伝え合い、ぶつけ合いながら、すり合わせていくことであり、そのような営みの中で、新たな実践や、よりよい実践が生み出されていくことがあるのです。

　私が保育の現場にいた頃、このようなことが起こりました。4歳児のタロウが5歳児のジロウを2、3回蹴り、ジロウは大泣きとなってしまいました。それを見た私は、なぜ、いきなり蹴るのかと、タロウを叱りました。しかし、理由を聞くと5歳児のタカシが、「やれ」と言ったからやったとタロウは答えたのです。そこで、私はタロウだけがやったと思って悪かったことを謝り、その上で、誰に言われようと間違っていたら、そのことをきちんと相手に教えてあげてほしいと伝えました。ただ、タカシとの関係を察し、もし、1人で言えな

72　第3章　子どもからはじまる保育へのまなざし

ければ、先生に教えてほしいと話をしました。タロウは蹴ったことをジロウに謝り、部屋に入っていきました。

　その時タカシは、タロウが叱られていることを知っていて知らん顔をしていました。タカシを呼び事情を聞くと、ジロウがおもちゃを貸さなかったから、タロウに蹴らせておもちゃを持ってこさせようとしたと言います。私は、自分でするならまだしも、自分より年下のタロウに命令してやらせたことが許せないと伝え、ジロウがあんなに泣いても知らん顔、タロウが怒られていても知らん顔のタカシの気持ちがよくないと言い、タカシのことは大好きだけど、今のタカシがやったことは先生が一番きらいなことだと、自分の思いをタカシにぶつけました。

　この時、私は保育者ではなく、1人の人間としてこの場面に遭遇し、「私」として許せないという思いを全身全霊でタカシに伝えたように思います。それこそ、子どもの行為の後ろにある世界に目を向ける前に叱っており、その場面を俯瞰してみるというまなざしもありません。

　しかし、「私」として許すことができなかったのです。タカシと一緒に2人で涙を流しながら話し合いを続け、その後、タカシと一緒にタロウとジロウの所に謝りに行きました。そして、なかなか涙が止まらないクラスで一番身体が大きいタカシを抱っこして部屋に戻り、その後の時間ずっと膝に乗せて過ごしました。

　その頃、タロウもタカシも、さまざまな思いを背負って日々を過ごしており、あのような行為に出ざるを得なかった2人の思いも私なりに理解しているつもりでした。しかし、その場面に遭遇した時、どうしても穏やかではいられない「私」がいました。だから、私の思いを伝えたのです。頭ごなしに叱っていると言われても仕方ありませんし、何の言い訳もできません。

　ただ、この時タカシと私の間には、先生だから子どもだからということではなく、「私」と「私」が正面から真剣に向き合う中で、考えをぶつけ合い、怒り、苦しみながら、「私」が感じたことや考えたことを伝え合っていたように思います。そして、ここだけは「私」が信じる大切な考えなのだということを

第1節　子どもの育ちを支える保育者のまなざし　73

伝え合う中で、譲れない「私」のまなざしを伝えていました。

さらに、私には大切なことだけれど、あなたにとってはどうか、と問う必要があったので、相手の考えにも耳を傾けて話し合いをしていたように思います。

この関わりが保育者として正しいのか、間違っているのかはわかりません。ただ、子どもであろうが、大人であろうが、譲れない思いがあるのならば、その「私」の思いにも目を向け、時に向き合うことも大切なことなのではないかと思います。

4.「あなた」のまなざしに目を向ける

「私」のまなざしを持つことは重要である反面、このまなざしによって見えなくなることもあるということを忘れてはいけません。

津守は、「子どもを見るおとなの目」（津守、1989、p. 35）について、「保育において、子どもを見るおとなの目は、おとなである私自身の考え方や性質、私の存在そのものに内在する傾向などが妨げとなって、子どもをそのままに見ることができなくなっている」（津守、1989、p. 36）と述べています。

また、高杉は、「保育者の自己訓練」（高杉、1985、p. 137）の中で、「自分の保育を確かな目で見る」（高杉、1985、p.154）ことに触れ、よりよい保育を行っていくためには、自分の保育のよさも足りなさも知る必要があり、その自分の足りない部分をきちんと指摘してくれる他者の存在が重要であると述べています。

担任というのは、子どもとの時間を一番多く過ごしている大人であり、日々の時間を積み重ねている人ということができると思います。つまり、一人ひとりの子どもをよく理解しているはずの人であるわけです。他のクラスの保育者だと気づかないけれど、クラス担任だと気づくということはよくあることではないでしょうか。

以前、私が見学をさせていただいた園で見た、担当保育者ならではの環境づくりについて紹介したいと思います。

散歩から帰ってきた1歳児を迎える保育室を準備する中で、担当保育者が布団を2枚だけ敷いていました。午睡の時間の準備をしているわけではなく、他のあそびの設定と同じように布団を敷いていました。何のための布団なのかと思っているところへ、子どもたちが散歩から帰ってきました。すると、支度を済ませた子どもの中の数名が、その布団の上にゴロンと寝そべり、何とも気持ちよさそうにする姿があったのです。その姿を見た園長先生は、「このゴロンのためのお布団だったのね」と話し、「あの準備はクラスに関わっている先生じゃないと気づかないことよね」とおっしゃっていました。私も、そのための布団敷きだったのかと深く感心したことを覚えています。このような保育者の関わりは、日々の子どもの姿を理解し、一人ひとりに応じた関わりを考えているからこそその環境作りであり、クラスの担当者だからこそ理解できる子どもの姿であるといえると思います。このように、担任保育者は誰よりも子どもの思いや希望を受けとめることができる子どものよき理解者なのです。

　ただ、自分のクラスの子どもとの関係が深くなれば深くなるほど、理解が深まったと感じれば感じるほど、保育者は自分の思い込みではないか、本当に子どもの思いを理解できているのか、と自分自身に問い続ける姿勢を持たなければなりません。

　この子どもたちのことを一番わかっているのは担任の自分であると思った瞬間から、子どもの思いを勝手に解釈し、「あの子には〜が必要だから〜してあげなければならない」、「この子にはこういうところがあるから〜させなければならない」というまなざしで、子どもを見て判断してしまうようになるのです。

　親しみが増し、関係が深まれば深まるほど、保育者はその子どもに対するわからなさを大事にし、「あなたのことを教えてね」という思いで関わっていかなければならないのです。

　「私」のまなざしに対する信念と疑念を持ちながら、常に自身の保育を問い、「私」という人間を問い続けていくことが保育者として大切なことなのです。そして、その問いを与えてくれる他者、ともに生活を営み、ともに実践を積み

第1節　子どもの育ちを支える保育者のまなざし　75

上げていくことによって結びついた「あなた」という存在を大切にしましょう。「あなた」という存在は、「私」1人では見えてこないまなざしを与えてくれます。その「あなた」のまなざしが「私」の保育をよりよい実践へと導く大切なまなざしであることを忘れずにいてください。

第2節 佐伯のまなざし論を通して現場を考える

　ここまで、子どもの世界を見るまなざし、保育を見るまなざしについて述べてきました。では、みなさんが実際の現場に出た時に、どのようなまなざしを持って子どもを見ていけばよいのでしょうか。佐伯（2007）のまなざし論を頼りに考えていきたいと思います。

　子どもを「見る」という行為について、佐伯は3種類の「まなざし」（佐伯、2007、p. 25）があると述べています。その「まなざし」とは、「観察するまなざし」「向かい合うまなざし」「横並びのまなざし」の3つです。

　1つ目の「観察するまなざし」とは、個人の能力に焦点をあてて子どもの姿をとらえ、あの子にはどういう能力があり、どういう性質があるのかを本人と関わろうとせず、後ろから眺めて推測し、評価の目で子どもの姿をとらえるようなまなざしのことを言います。

　2つ目の「向かい合うまなざし」とは、保育者が自分の要求を前面に出して

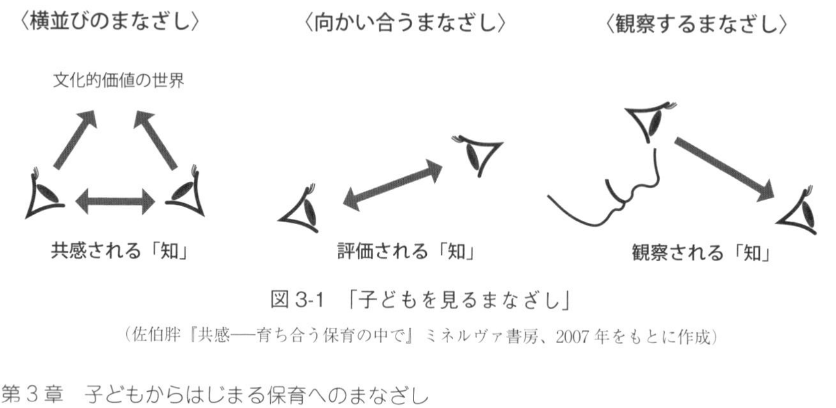

〈横並びのまなざし〉　　〈向かい合うまなざし〉　　〈観察するまなざし〉

図3-1　「子どもを見るまなざし」
（佐伯胖『共感──育ち合う保育の中で』ミネルヴァ書房、2007年をもとに作成）

「期待される子ども像」を子どもに押しつけ、そのような保育者の期待になんとか応えようと子どもも「がんばって」しまう関係の中にあるようなまなざしのことをいいます。

そして、3つ目の「横並びのまなざし」とは、あなたが見ている世界を「一緒に見ましょう、共に喜び、共に悲しみましょう」として関わり、「私が見ている世界を、あなたも一緒にみてください」として関わるまなざしで、関わることを土台とした関係の中で、相手の身になって、相手と思いを共有する共感的なまなざしのことを言います。

1. 現場の中で養われる専門家としてのまなざし

子どもの行為に対する考え方や子どもをより深く理解するための見方、一人ひとりの子どもとの関係を築くためのきめ細かな関わり、この他にも保育者はさまざまな専門性を持って保育を営んでいかなければなりません。

また、どんなに優れた見方を持っていたとしても、すべての子どもに対して、その見方が通用するわけではありません。今日はうまくいったのに、翌日はその関わりではうまくいかなかったということはよくあることです。保育者は、一人ひとり、その時その時に必要な関わりについて、常にふりかえりをし、その都度修正、改善をしながら新たな保育を創造していかなければならないのです。

保育者のふりかえり、修正は実践の中で常に行われています。このようなふりかえりの行為を、D・A・ショーンは、「行為の中の省察（reflection in action）」（ショーン、2007、p. 50）と言い、行為をしながらふりかえり、考え、修正しながら「状況と対話する」者を専門家ととらえ、そのような専門家のことを「省察的実践家（reflective practitioner）」と呼んでいます。

津守は、日々の省察について「子どもとともに時を過ごしていたときには茫漠と理解されていたことが、距離をおいて見るときに、より明瞭に意識化され、省察によって意味を与えられる」（津守、1987、p. 185）と言います。そして、「省察は次の日につづく保育の実践の素地となる」（津守、1987、p. 186）と述べてい

第2節　佐伯のまなざし論を通して現場を考える　77

ます。

　保育者という仕事は誰にでもできる仕事ではありません。一人ひとりの子どもにとっての最善を考え、正解やゴールの見えない道を歩んでいかなければならない非常に困難な仕事です。また、よりよい保育を目指し、修正、改善を繰り返し続ける根気のいる仕事でもあります。

　常に子ども、自分自身と対話をしながら何十年後かに見えてくるであろう、その人の人間形成の基礎となる育ちを支えていく、ゴールの見えないとてつもなく長い道のりの中にある仕事なのだと思います。この仕事を続けていくためには、その覚悟と自覚が必要でしょう。

　保育の学びを深めていけばいくほど、保育者としてやっていけるのか、自分にその資格があるのか、と悩み出す学生がいます。私は、その時に「保育の世界へようこそ」と伝えます。保育者は重責を担います。そして、複雑で、難解な課題と向き合い、それらを解決するのに必要な、クリエイティブな力も求められる専門性を要する仕事です。そのことを知った上で、それでもなお、子どもの世界をともに楽しみたいと思う人がなるべき仕事なのだと思うからです。

　同時に、保育の仕事は困難さや大変さを打ち負かすほどの、感動があり、喜びに溢れ、面白くて病みつきになる、楽しくてやめられない仕事でもあるということを伝えています。そして、その面白さは年数を重ねれば重ねるほど深まり大きくなっていくものだと思います。

　その面白さや楽しさを見つけていくための、まなざしについて、私がフィールドワークを行っている園での事例をもとに考えていきたいと思います。

2．3つのまなざし「観察するまなざし」「向かい合うまなざし」 「横並びのまなざし」

　2歳児のタクヤとミキは、給食後に破れている網戸の下から手を出し、デッキテラスの隙間にパズルのピースを落として遊んでいました。それに気づいた佐藤先生は、「あっ」と大きな声を出し、クラスのみんなが大好きなパズルを使えなくなってしまうと注意して叱りました。

78　第3章　子どもからはじまる保育へのまなざし

このような子どもの姿はよく目にすることではないでしょうか。それに対して大人が注意を促すということもよく見る光景であるように思います。

　この時、佐藤先生は2人の子どもの世界を見る前に、佐伯（2007）の言う「観察するまなざし」で2人を見ていました。佐藤先生の中には、悪いことをした2人という考えがあり、「悪いことは注意しなければならない」という思いがありました。みんなが大切にしているパズルを落としたのだから、みんなの思いを伝えなければならない。「ダメなことはダメ」と注意をすることが2人には必要だと考え、佐藤先生の思いをもって対応しているのですが、子どもが面白いと考えている思いや、楽しいねという思いには目を向けられていません。子どもの行為を後ろから眺め、「またあんなことをしている」、「注意して教えなければ」という思いの中で、知らず知らずのうちに「観察するまなざし」で子どもを見てしまっていたのです。

　このようなまなざしで子どもを見てしまうことは、めずらしいことではなく、私自身も実践の場で同じようなまなざしで子どもを見てしまうということは多々あったように思います。つまり、佐藤先生だからということではなく、誰にでも起こりうる場面なのです。

　悪いことを悪いと言うことや、クラスのみんなの気持ちを考えることがなぜ悪いことなのか、と考える人もいるのではないでしょうか。確かに佐藤先生は理由もなく叱っているわけではありません。必要な注意なのかもしれません。

　しかし、「観察するまなざし」には問題があります。それは、タクヤとミキの行為の意味には目を向けず、2人の行為を問題のある行為として後ろから眺め、この問題を正し、指導しなければならないというように「こうあるべき」という考えの中で子どもを見てしまっているからです。本人たちの意志とは関係なく、こちらで設定した良し悪しの尺度をあてはめて、子どもたちを見てしまっているということが問題なのです。

　佐藤先生は子どもと一緒にふざけ合ったり、面白いことを言って笑わせたりする豪快で楽しい先生です。しかし、この時の先生は「観察するまなざし」で子どもを見てしまっていると言わざるを得ませんでした。それでは、少し見方

第2節　佐伯のまなざし論を通して現場を考える　79

を変えて考えてみましょう。

　子どもに寄り添わなければ、子どもの思いを大切にしなければという気持ち
で、この場面を見た先生が、タクヤとミキに対して優しく声をかけたとしま
しょう。

　「クラスのみんなの大切なパズルがなくなったら、みんなが困ります。タク
ヤくんも、ミキちゃんもいい子だから、先生が言っていることわかるよね。も
うこういうことはしないでね」と注意したとしましょう。これならば、子ども
の行為を否定せずに、気持ちを受け止めているということができるのでしょう
か。

　このような関わりは、一見子どもの思いを受けとめて接しているように思
われます。しかし、この時の先生の思いは、「これが悪いことだと君たちはわ
かっているよね。だから、こういう悪いことはもうしないんだよ。わかった
ね」と半ば強制的に進むべき方向を示し、期待する子ども像を押しつけている
ようにも感じられます。そして、子どもの思いに耳を傾けることはなく、保育
者が納得できる方向で話をしているのです。このような、「向かい合うまなざ
し」の中では、子どもは自分の思いを言葉にすることは難しく、いい子を演
じ、「わかった」と言わざるを得ないのではないでしょうか。

　「観察するまなざし」や「向かい合うまなざし」で子どもを見ていると、子
どもの思いというものは見えてこないのです。子どもたちは、どんな思いでこ
の行為を行っていたのでしょうか。

（1）「横並びのまなざし」

　子どもたちは、なぜ、わざわざ手を入れるのも大変な網戸の下の先にあるテ
ラスの隙間にパズルを落としていたのでしょうか。なかなか高度な行為である
ように思います。

　2歳児は手指の操作が巧みになってくる時期です。そのようなことができる
うれしさや充実感を味わいながら、ブロックや紐通し等のあそびを楽しめるよ
うになります。つまり、この困ったと思われる行為の中には、今の自分ができ

ることに一所懸命挑戦し、試しているという姿を見ることもできるのです。

　また、2歳半頃から他児に対しての関心が高まり、一緒にあそぶことも増えていきます。この2人はまさに網戸の下から手を出し、テラスの隙間にパズルを入れるという難しい行為に2人で挑戦し、楽しんでいたのかもしれません。

　こう考えると、注意することも大切ですが、「あの2人は何をそんなに楽しんでいるのか？」、「何を一所懸命にやっているのか？」と、思わず2人の楽しんでいる世界を覗き込みたくなるということはないでしょうか。

　このまなざしは、子どもが見ている世界をともに見る、あなたの見ている面白い世界を一緒に見せてくださいね、という「横並びのまなざし」を持って見るまなざしということになります。まずは、このまなざしを持って、子どもと関わっていくことが重要なのです。

　タクヤとミキの行為を「観察するまなざし」で後ろから眺めている時には、彼らがどんな表情で何をしているのかはわかりません。また「向かい合うまなざし」で見ているときには、2人の表情は見えるかもしれませんが、彼らが見ている世界は彼らの後ろに隠されていて見ることはできません。しかし、「横並びのまなざし」になってみると、彼らの表情も彼らの見ている世界も自ずと見えてくるのです。

　つまり、「横並びのまなざし」を持って子どもを見ていくと、子どもの見ている世界や子どもの思いに気づくことができ、子どもへの理解が深まっていくのです。

(2)　「ともに」のまなざし

　ただ、佐藤先生が心配しているように、みんなの大切にしているパズルピースをそのままにしておくわけにはいきません。落としたことをなかったことにして、新しいパズルを用意する、取れないからしょうがないで済ませるということでは、タクヤとミキの育ちを支えるかかわりにはなりません。2人はクラスみんなの大切なパズルをどうすればよいか考える必要があるのです。そこで、佐藤先生は午睡前にカーテンを閉めて2人を呼びました。そして、針金ハ

第2節　佐伯のまなざし論を通して現場を考える　81

ンガーにガムテープを付けて、他の子どもには見えないようにして一緒にパズルピースを取ったのです。まず、先生が取るところを見せて、タクヤにもやってみるように言い、「ここに入れると取るのが大変でしょ」と声をかけながら全部のピースを取りました。

　この時の佐藤先生は、子どもと横並びになり、パズルピースを取るということをともに行っています。先生もタクヤも一緒にパズルピースを取ることの大変さを味わい、一緒に最後までやりきる経験をしています。つまり、同じ世界をともに見ながら、「こうやったら取れるかな」、「あ、取れない。取れた」等、さまざまな気持ちを共有しながら互いの世界をともに見ようとするまなざしをもってパズルピースを取っているのです。この経験は、どんな注意や指導よりも意味があるのではないでしょうか。細い隙間に物を入れると、それを取ろうとする時には、入れる時以上の労力を要することを知り、取れないと思っていたパズルピースが、ハンガーにガムテープをつける工夫をすることによって、取れるということを先生の姿から学んでいます。この経験の中には、たくさんの学びが隠されており、先生が教えようとしなくとも一緒に経験することで、子どもは自らそれらを学んでいくのです。

　先生が1人で取ってしまうのではなく、2人の子どもと一緒に行うことの意味を考えさせられる出来事でした。「何をしているの」と注意して終わらせるだけでは、学ぶことも経験することもできなかったことがたくさんあることに気づかされます。

　このように、相手と思いを共有する共感的な関わりの中で育まれる関係性は、両者の間に深い信頼関係を築き、子どもに新たな発見や学びを呼び起こします。そして、子ども自らの育ちに大きな影響を与えていくのです。

(3)「観察するまなざし」から「横並びのまなざし」へ

　なぜ、佐藤先生のまなざしは「観察するまなざし」から「横並びのまなざし」へと変化していったのでしょうか。実は、タクヤとミキがいたずらをした時、私も佐藤先生と同じ場にいました。私は何やら面白い場面という思いがあ

82　第3章　子どもからはじまる保育へのまなざし

り、思わず佐藤先生に対して「面白い場面だったのに」とつぶやいてしまったのです。その私の言葉を受けとめてくださった佐藤先生は、2人と一緒に落としたパズルを取るということを試みました。

　この時、たまたま同じ場面を見ていた私は、自分の思いを言葉にし、その言葉を受けて、佐藤先生は子どもとの関わりをもう一度、再考されていきました。そして、「あっ」と大きな声を出して後ろから注意するようなまなざしから、子どもが見ている世界を一緒に味わってみよう、同じ世界を見てみようというまなざしにシフトしていったのです。その日、佐藤先生は子どもをともに見ていた私の一言を「あなた」の一言として、受けとめてくださいました。そして、佐藤先生はご自身の2人に対する関わりをもう一度ふりかえり、修正するという省察を行っていったのです。

　この時は、たまたま私がその場に身を置いていたので、佐藤先生のふりかえりのきっかけとなる「あなた」という存在になりました。ただ、日々の保育の中では、このようなきっかけを与えるのは、ともに働く同僚であるように思われます。

　省察するという保育者の専門性をもって、佐藤先生はタクヤとミキとの関係をもう一度考え、修正していきました。省察は自身との対話だけではなく、日々の保育をともに営む人である「あなた」との対話によって、より深まっていくように思われます。

　「私」の思いと「あなた」の思いをすり合わせ、保育者は子どもにとっての最善を考えていく時間を重ねていくことが大切なのです。そして、同僚とともに試行錯誤し、切磋琢磨しながら、ともに省察を行っていくことで、子どもに対しての共感的な関わりや、よりよい実践が創造されていくのだと思います。

第3節　子どもからはじまる「ともに」の保育

　保育は1人で行うことはできません。保育とは子ども、保護者、そして同僚とともに歩む営みです。子どもとともに、保護者とともにという言葉はよく耳

にすると思いますが、それらと同じように、同僚とともに歩むということが大切であると私は考えています。なぜ、同僚とともに歩むことがそんなに大切なことなのでしょうか。

　保育所やこども園等では、複数担任で保育を行うことが多いでしょう。また、幼稚園においては1人担任ということもあるかもしれませんが、クラス担任1人で子どもを保育しているわけではありません。前にも述べたように、園の子どもたちは園全体で見守り、みんなで育てていかなければならないのです。

　保育者は同僚とともに子どもの育ちを支える日々を過ごしています。その日々過ごす仲間との関係がよくなければ、よい保育などできないのではないでしょうか。同僚との関係がよくないことを想像してみてください。

　子どもの姿に感動した時、その同僚に伝えたいと思うでしょうか。子どもとの関わりに悩んでいる時、普段話さない同僚に相談することができるでしょうか。

　保育者間の関係がよい現場では、面白いこと、楽しいことがあるとすぐに「見て見て」「聞いて聞いて」と同僚同士で声をかけ合うことがよくあるように思われます。本来、人はうれしいこと、悲しいこと、驚いたこと、さまざまなことに対して人に聞いてもらいたい、共感してもらいたいという思いを持っています。だから、何かが起これば、その出来事について一緒に喜んでほしい、悩んでほしいと多くの保育者は思うのではないでしょうか。

　この他者との共感から、子どもをともに見て、ともに見守る一歩がはじまっていくのです。他者と同じ思いを積み重ねていく中で、信頼関係が築かれていき、伝えにくいことも伝え合える対話的な関係が築かれていくように思われます。

　「今日のあの子かわいかったね」ということを毎日、語り合う。これも大切なコミュニケーションであり、子どもの可愛らしさ愛おしさを伝え合うことは大切なことです。しかし、そればかりではよりよい保育に向かうことはできません。「あの子は本当にあの遊びをしたいと思っていたのか」、「あの子への援

84　第3章　子どもからはじまる保育へのまなざし

助は、これでよかったのか」と、言いにくいこと、伝えにくいことを伝え合うことができて初めて、子どもにとってのよりよい保育を探求していくことができるのだと思います。ただ、言いにくいことを伝えることは、そんなに簡単なことではありません。その関係を築いていくための第一歩として、まずは伝えやすいことを伝え合うことからはじめることが大切なのではないでしょうか。うれしいこと、楽しいことからはじまり、困ったこと、どうすればよいかわからないこと、これでよかったのか悩んでいること等を伝え合い、語り合っていきます。そこから、同僚との関係を築いていき、日々の実践の中で、自分が感じたこと、考えたことを伝えていくのです。

　ただ、保育者が自分の考えを語るということは、自分の保育を開いて伝えることであり、自分自身も開いていかなければなりません。それに加えて、「こうした方がよかったのではないか」というような意見をぶつけられると、自分の保育を否定されたように感じてしまい、保育を語ることが恐く辛くなってしまうことがあります。

　私自身にもこんな経験があります。問題を抱えた子どもとの関わりをどうにかしたい、と必死になりすぎる余り、周りが見えない状態になっている私に対して助言をくださった先輩が1人いました。多くの先生が、私の大変さを受けとめてくださっている中で、あえて言いにくいことを伝えてくださった一言でした。しかし、私は「こんなに必死に頑張っているのに、そんな風に思われていたのか」と先輩の言葉を素直に受けとめられずにいたのです。ただ、時間が経つごとに、その先輩の言葉がじわじわと自分の中に広がっていき、かなり時間が経ってからその気づきを与えてもらったことについて、改めて話に行ったことを覚えています。

　互いの考えを時にぶつけ合いながら、自分の信じる保育を語り合っていく。時に傷つきながら、時に怒りながらも、認め合い励まし合っていくことで保育は磨かれていくのだと思います。ですから、自分の保育について言いにくいことを伝えてくれる同僚がいたならば、その時は受けとめることができなかったとしても、同僚の言葉を真摯に受けとめて、もう一度「私」の保育を見つめな

おすチャンスを得られたと思うことが大切なのだと思います。

1. 子どもの姿を語り合う

　子どもの姿を語り合うとは、どういうことなのでしょうか。なぜ、子どもの姿を語り合うことが大切なのでしょうか。

　よりよい保育のためにと、他者の保育を見て「あなたの保育はこうだからこうした方がいいと思う」「私はこう考えるので、あなたもそのように子どもと関わってほしい」と突然思いをぶつけても、その思いはなかなか受け入れてはもらえません。なぜならば、このような言葉の中には「評価するまなざし」が見え隠れしているからです。相手の関わりに対する評価を伝え、自分の正しさを押しつけているという姿としてとらえられてしまうこともあるのではないでしょうか。

　では、保育者の関わりを肯定的にとらえ、優しく相手を傷つけないように語っていけばよいのでしょうか。「こんな関わりが素敵だった」「あそこがよかった」「ここもよかった」「あんな保育をしたいと感じた」ということを伝えることは大切なことだと思います。しかし、私たち保育者が見るべきは子どもの姿です。どんなに保育者が素晴らしい言葉かけをしていたとしても、子どもがその先生の言葉に耳を傾けようとしなければ、素晴らしい言葉かけもその子どもたちにとっては意味のないものなのだと思います。逆に言葉は拙いけれど、子どもたちがその保育者の話を一所懸命聞こうとしているのであれば、その言葉かけには大きな意味があるのではないでしょうか。

　このように、私たち保育者は常に目の前の子どもたちの姿を見て、自分の保育をふりかえり、よりよい関わり、保育について考えていかなければならないのです。つまり、素晴らしい保育者の保育を見て学ぶことには大きな意義がありますが、それだけでは不十分で、保育者の前にいる子どもの表情、まなざし、言葉、動作から見えてくる思いに目を向けることができて初めて、保育を理解するということにつながっていくのです。

　保育者は、目の前の子どもの姿をともに見ながら、思ったことを伝え合って

いきます。「あの子のこんな姿が可愛かった」、「今日はこの子のこんな姿が見られた」、こんな姿とは、どんな姿なのでしょうか。「あの子のこの姿が気になる」、なぜ、気になるのでしょうか。「あの子はどうしてこういうことをするのか」、どうして、あの子はこうしたいと思うのでしょうか。自分が見た子どもの姿を多面的にとらえつつ伝えていきます。その何気ない姿から、なぜ、このような姿が見られるようになったのか、あの子の気になる行動にはどんな意味があるのか等について話し合っていきます。その中で一人ひとりについての理解を深めていくことが大切なのだと思います。

2. 自分の保育を語る難しさ

　前節でも述べましたが、自分の保育を語るということは自分を開いて自分の考えを語ることであり、自分のあるがままをさらけ出さなければならないので、簡単なことではありません。

　佐藤先生はこの難しい語りである、自分の保育についてあるがままに私に語ってくださいました。その時の佐藤先生の語りをふりかえりながら、保育を語る難しさとはどういうことなのかを考えていきたいと思います。

　佐藤先生はパズルピースを取る時にカーテンを閉め、タクヤとミキ2人だけを呼んで行いました。私は、なぜ、カーテンを閉めて行ったのかという疑問があったので、佐藤先生に尋ねました。すると、佐藤先生は他の子どもが2人を見たら、悪いことをして叱られている子どもだと思って、みんなが2人を茶化すのではないかと思ったからだと言い、昨年度まで担任をしていた4、5歳児クラスでは、叱る時には他の子どもの目に触れないようにしてきたという話をしてくれました。

　私には、パズルを取る過程もクラスみんなで楽しめばよいのではないかという考えがありました。また、佐藤先生がパズルを落とす行為を悪い行為と決めつけず、困った行為だけど、「面白いな」と思っていれば、他の子どもも悪いことをして叱られている子どもとは思わないのではないか、という思いを伝え、子どもが何に興味を持ったのかという点に目を向けていくと、関わり方が

第3節　子どもからはじまる「ともに」の保育　87

変わったのではないかと私の思いを伝えました。すると、佐藤先生が、年中長のクラス担任をしていた時には、「ダメなことはダメだ」と伝えてきた。そのため、2歳児の担任であるという意識がどこか薄れていたのかもしれないとさらにご自身の保育をふりかえりながら話をしてくれました。

このように自分の保育を語るということは、自分の保育をふりかえり「これでよかったのか」と自分に向き合うことになり、自身と対話することになるので、時に辛く苦しい作業になることもあります。

現に佐藤先生も、「ダメなことをダメ」と言ってきたことの何が問題なのかという戸惑いを感じつつ、ご自身が2歳児の担任であることの意識が薄れていたという問題点にも目を向けています。辛いけれど、自分の保育を語りながら保育をふりかえることを続けていると、必ずと言ってよいほど、次の新たな実践に向けての気づきを得ることができるのです。

佐藤先生は2歳児の保育についてもう一度問い直し、その後の実践が変わっていきました。佐藤先生とタクヤとの関係が変容していったのです。

それまでのタクヤは、自分から保育者に関わっていくことは少なかったようです。しかし、パズルの一件の後から、何かと佐藤先生にスキンシップを求めてかかわってくるようになったと言います。そして、佐藤先生のタクヤに対するまなざしも変化していきました。それまで見えていたタクヤの姿ではなく、新たなタクヤの姿というものが見えはじめたというのです。つまり、佐藤先生のまなざしが変化し、タクヤの見ている世界をともに楽しめるようになっていったのです。その変化については後で詳しく説明します。ただ、ここで伝えておきたいことは、この時の佐藤先生のかかわりがすべて間違っているか、というとそういうわけではありません。佐藤先生は、タクヤとミキに対する優しさをもってかかわっていることがわかります。タクヤとミキの身になって、他の子どもに怒られていると思われたら嫌だろうと考えた「横並びのまなざし」で2人を見ているのです。そこには、佐藤先生なりの子どもへの寄り添い方があります。私の方が、佐藤先生の問題点ばかりに目を向けた「観察するまなざし」で佐藤先生の行為を見て話をしているのかもしれません。

クラスみんなでパズルを取るのではなく、佐藤先生、タクヤ、ミキの 3 人だけで行った「先生と僕たちだけのパズル取り」、という特別な出来事の中で育まれる関係があったのだと思います。そのことを佐藤先生に伝え、私自身の保育に対する考え方について改めて考え直しました。

　佐藤先生にも信じる保育があるように、私にも信じる保育があります。その思いを互いに伝え合うことで、佐藤先生も私もそれぞれが、もう一度、自分の保育やかかわりについて考えるきっかけを得ていったのです。

3. 語りを通した気づき

　先ほど述べた佐藤先生のタクヤに対するまなざしの変化についてお話をしたいと思います。

　ある日、佐藤先生がパズルの出来事の後、タクヤとの関係に変化があったことを職員室で私に語ってくれました。

　今までは、佐藤先生が何度声をかけても、その声はタクヤに届くことはなく、「トイレに行こう」と言っても行かず、「着替えをしよう」と言っても行わずという姿があったそうです。しかし、パズルの出来事からしばらくすると、タクヤが佐藤先生の言葉によく耳を傾けるようになったというのです。また、それまでとは違い、タクヤの方から佐藤先生にコミュニケーションを求め、スキンシップをとることが多くなったそうです。と同時に、佐藤先生のタクヤに対するまなざしにも変化があり、今まで目に入らなかったタクヤのさまざまな姿が目に入るようになったと語ってくれました。

　今までの自分は、何をするにも全体の時間が気になり、タクヤに対して口うるさく声をかけていたが、今は、タクヤが時間を要することにどんな意味があるのか、と面白がって見られるようになったと言います。なぜ、そうなったのかと尋ねると、タクヤを見守る余裕ができたのかもしれないと話してくれました。この余裕というのは、非常に大切なことです。当然のことですが、心に余裕がなければ子どもの姿を丁寧に見ることはできません。「あれをしなければならない」、「この練習をしなければならない」等、「ねばならない」ことに追

第 3 節　子どもからはじまる「ともに」の保育　89

われている日々を送っている時には、自分たちの保育の流れをもう一度、見直すことが必要なのかもしれません。

佐藤先生は、タクヤがみんなと同じ生活をスムーズに送れるようになるための援助をしていたわけですが、そのように促せば促すほど、佐藤先生の声はタクヤに届かなくなっていきました。みんなを同じようにするのではなく、タクヤの思い、個々の思いを尊重し、余裕をもって関わることで、一人ひとりが納得尽くで行動するので、物事がスムーズに運ぶようになったと言います。

トイレに行くように声をかけても行かない子どもに対しては、子どもなりの考えがあって行かないのだ、ということに目を向けられるようになったそうです。そして、自分は、子どもの内側ではなく、外側に見えることばかりに目を向けていたということに、タクヤとのかかわりを通して気づかされたようでした。

子どもの内面に目を向ける、子どもの行為の意味を考えるということは、よく耳にすることで誰もが理解していることのように思います。しかし、佐藤先生が語ってくれているように、頭ではわかっていても知らず知らずのうちに、タクヤの内面よりも外に見える行為に目が行き、その行為を改善、修正しようとする保育者としての力が発揮されるという現象が起きてしまうことが少なからずあるのです。

佐藤先生の言葉の中に「面白がって」という言葉があります。これは、前向きな言葉としての「面白がる」という意味であるように思います。子どもの行為を１つ１つ面白がれるということは、まさに子どもとともに子どもの興味ある世界に目を向けるということにつながるからです。

「何でこんなに時間がかかるのか」ということに対して困りつつも、「この子どもが、これを差し置いてでもしたいこととは何なのか」と思わず自分も気になってしまうというような「横並びのまなざし」をもって子どもを見ると見え方が変わってくるのです。

また、「個々を尊重することにより、物事がスムーズに運ぶようになった」というこの言葉の中には、子どもをスムーズに動かすための関わりという保育

90　第３章　子どもからはじまる保育へのまなざし

者主導の考えも多少あるのかもしれません。しかし、佐藤先生は、子どもの姿を見て、この方がスムーズにいくのであれば、こうしようと子どもの姿に合わせて柔軟に対応を変えていると考えることもできます。そのようにとらえると、今の子どもにとっての最善のかかわりであるということができ、「横並びのまなざし」をもって子どもを見ているということができるのではないでしょうか。

　このように、タクヤの姿に変化が見られると、佐藤先生のタクヤに対するまなざしも変化していきました。つまり、タクヤの姿、子どもの姿を通して、佐藤先生は子どもへの理解を深め、新たな実践を歩んでいく上で必要なことに気づかされていったのです。

4. 私たちの新たな保育実践に向けて

　津守真は『子どもの世界をどう見るか──行為とその意味』の中で、保育の直後に同じ場にいた人々が語り合うことの重要性について以下のように述べています。

　　保育の直後に、同じ場にいた人々が、自分の見た角度から子どものことについて語り、また、聞くことも保育者の生活で重要である。たとえ、同じ子どもにふれたとしても、人によって見る視点は異なり、体験はそれぞれに違う。だれの見解が正しいのでもない。それぞれが、考える素材を提供する。私は、他の人の視点を聞くことによって、自分の見方が多面的になる（津守、1987、p. 184）。

　日々の保育を営んでいる同じ場にいた人々が、自分の見た角度から子どものことについて語り合う。一方的に誰かが話すのではなく、伝え合うという相互的な関係の中で行われる語り合いが、保育者の生活で重要なことなのです。

　子どもについて語り合うことから保育ははじまります。語り合うことから、子どもの姿が見えてきます。語り合うことで、自分の保育をふりかえること

ができるのです。自分とじっくり向き合い、1人で自身の保育をふりかえることは重要なことです。しかし、1人でのふりかえりには限界があります。人と語って初めて気づくこと、人に伝えることで自分の内にある大切なことが明確になることもあります。このようにして、語りを通して同僚との信頼関係を育み、深めていくことが重要なのです。

　子どもについて語るということは、保育者にとっては当たり前のことです。しかし、そこには、ただ聞いてほしい、ともに感じてほしい、共感してほしいという思いがあることが重要です。報告や研修等の準備のために語るのではなく、子どもの姿をとにかく語りたい、聞いてほしい、聞かせてほしいという関係の中にある語りが重要なのです。

　そのような関係を築くためには、ちょっとした気づきや面白さ、うれしさを伝え合っていくことからはじめていきましょう。また、ちょっと困ったことを、「ちょっとだから大丈夫」とせず、困っていることを伝え合うようにしましょう。これは、何でもかんでも助けてもらうということではありません。自分なりにそのちょっとの困りごとに向き合いつつ、自分の中にある小さな不安を人に伝えておくということが大切なのです。

　そのちょっとの困りごとを知ってくれている人がいるというだけで安心感が増すこともありますし、聞いた相手は、「そういえば、ちょっと困っていると言っていたから、大丈夫か声をかけてみよう」というように相手の困りごとを気にかけるようになるのです。そのちょっと気にかけてみるという同僚のまなざしが、保育者の大きな支えになることがたくさんあるのです。

　○○ちゃんの行動に困っているのであれば、その困っている姿を同僚とともに見て語り合ってみましょう。その行動は本当に困る行動なのか、保育者にとって都合の悪い困った行動としてとらえていないか、その行動がなぜ起こるのか、その行動を誘発する別の要因はないか、ともに考えていくのです。

　もし、担任以外の保育者が関わることで気分が変わって落ち着くのであれば、他のクラスで少し過ごしてみるのも1つの関わりでしょう。または、担任とじっくり関わることで落ち着くのであれば、少しの時間、他の保育者にお

願いをして、その子どもと担任の2人で過ごしてみるのもいいでしょう。保育室では落ち着かないが職員室だと落ち着くのであれば、そこで過ごし焦らず、ゆっくりとした雰囲気の中で他の場所にも行ってみようと思うようになるまでじっくり待ってみましょう。そして、自分から別の場所にも行ってみようという意欲が引き出されるように支えていきましょう。もちろん、そうできない時もあるでしょう。しかし、できる限り今のその子どもに必要な関わりについて考えるようにしていくことが大切です。

　このように、助けを求めている保育者がいた時には、その日々の保育をともに営んでいる同僚が手を差し伸べていくべきなのだと思います。先ほども述べましたが、これは、何でも甘えさせてあげなさいと言っているわけではありません。子どものことを一番に考えた時、必要なことであればその子どもにかかわる人みんなで、その子どもにとっての今ある最善のかかわりを考え続け、助け合うことが重要なのです。そして、その保育者を見る時にも「観察するまなざし」や「向かい合うまなざし」ではなく、「横並びのまなざし」を持って見守っていくことが重要です。

　「あの先生は、1人でやりたいのだから1人でやればいい」、「担任なのだから、1人でクラスを見られるようになって一人前」というようなまなざしで見ていると、語り合う関係というものは築かれていきません。

　子どもを見る時のまなざしと同じように、保育者に対しても肯定的なまなざしをもって関わり、語りたいことがある同僚の言葉に耳を傾けていかなければ、よい保育は生まれていかないのではないでしょうか。

　ただ、自分も語りたいことがあるのならば、その思いをきちんと伝えることもしていかなければなりません。「これを言ったら関係が悪くなるから言わない」ではなく、相手の思いや相手の見ている世界に目を向けつつ、相手を評価することのないよう、自分の考えを押しつけることのないように注意しながら、「私」の思いを丁寧に伝えるということが重要なのだと思います。

　正しい、間違っているということではなく、「私」の思うこと、信じることを伝え合っていく日々を重ねていくことが何よりも大切なことで、その積み重

第3節　子どもからはじまる「ともに」の保育　93

ねによって、互いを支え合っていく「私」と「あなた」の関係が築かれていくのだと思います。

　そして、本当の「私」の思い、自分の“本音”を日々の生活の中で語り合うことができるようになれば、どんな壁にぶつかろうとも、保育者は子どもや同僚とともにその壁を乗り越え、よりよい保育に向かって進んでいくことができるのだと思います。

　問題をその子どもの問題として見るのではなく、なぜ、そのような問題が起きているのかを、その子どもの後ろに広がる「関係の網目」（佐伯、2014、p. 98）の中でとらえていくように、保育者の問題を1人の保育者の問題としてだけ見るのではなく、その後ろに広がる「関係の網目」、どんな人間関係のどんなまなざしの中で起きていることなのかをとらえていくことが必要なのです。

　その1人の保育者の問題を、みんなの問題としてとらえ、見ていこうとする同僚のまなざしが、壁にぶつかり悩み苦しんでいる保育者の支えとなることを、みなさんには覚えていてほしいと思います。誰か1人でも、自分の保育をともに見ようとしてくれる人がいるだけで、どんなに高い壁も乗り越えることができ、新たな一歩を踏み出すことができるはずなのです。

　子どもとともに、保護者とともに、同僚とともに喜び合い、悔しがり、時に本気で怒り合いながら日々を歩んでいく中で、私たちが大切に思うこと、大切にしていきたい「私たちの保育」というものが見えてくるのかもしれません。

　誰かが誰かを気にかけ支えること、いつもお互い様として同僚とかかわっていくこと、困っている同僚がいたら、「自分のクラスではないから」、「自分はわかっていないから」ではなく、何か自分にできることはないかを考えていくという姿勢をもって、そのことを伝えていく。このような大人の姿を見て、子どもも人に支えられていることを知り、自分も誰かを支える人になるということを日々の生活の中から学んでいくのではないでしょうか。そして、子ども自らも人と支え合い、新たな実践を創り出す一員となって歩んでいくのではないでしょうか。

94　第3章　子どもからはじまる保育へのまなざし

コラム 2 "子どもとともに、同僚とともに"

① "大事にしたい子どもの姿"

○子どもができるようになる姿を求めるのではなく、「興味をもって」やってみようとする姿を大事にしていきましょう。

○困ったことだとしても、安全面に問題がなければ、子どもが一所懸命に取り組んでいる時には、その姿を大事に見守ってみましょう。すべての経験が子どもの育ちにつながっているはずです。

○子どもが夢中になっている姿を大事にしましょう。遊びに夢中になって没頭している中で育まれる、一人ひとりの育ちを大切に見守っていきましょう。

○子どもが困っている姿をできる限り見過ごさないようにしましょう。そして、すぐに援助をするかしないかではなく、「あなたのことをいつも見ている」ということを伝え、困っていることをどのように解決していくか子どもと一緒に考えていきましょう。

○子どもが保育者に言い返す姿は、保育者に自分の気持ちを伝えられる信頼関係が築けている証拠です。大事に耳を傾けていきましょう。

○子どもが「行きたくない」「やりたくない」「したくない」という姿を大事にしましょう。その言葉にはどのような意味があるのか、その子どもの後ろに広がる世界にじっくり目を向けてみましょう。

② "気づいてあげたい保育者の姿"

○先生が困っていることに気づいたら、その問題をすぐに解決しようとするのではなく、先生が何に困っているのか、じっくり耳を傾けてみましょう。話すことで解決策が見えてくるかもしれません。

○先生が頑張りすぎていることに気づいたら、自分に何か手伝えることはないかと声をかけてみましょう。「何か手伝えることはある？」と声をかけてくれるだけで、その先生の支えになります。

○保育を語れなくなっている先生がいることに気づいたら、お掃除など別のことをしながら何気なく保育の話をしてみましょう。

○先生が喜んでいることに気づいたら、何に喜んでいるのか聞いてみましょう。そして、その喜びや嬉しさをともに味わってみましょう。

コラム 3 "お掃除タイムから始まる「ともに」の保育"

　私はよく同僚保育者と掃除の時間を使って保育の語り合いをしてきました。このような時間は、職員室や会議の場と違うことに加え、向かい合って「よし、話すぞ」と気合を入れる必要もないので、掃除をメインの活動としながら、リラックスして保育を語ることができ、とても有意義な時間であったと思っています。

　便器を磨きながら、床を掃きながら、目を合わせずに語り合いをしているのですが、「そうそうそうそう」と思わず共感してしまう瞬間には手を止めて笑い合い、喜び合うこともありました。また、真剣な話の時には、自然と手が止まり、そのまま話に聞き入って、時に涙を流しながら語り合うということもありました。

　子どもの姿を話さなければならないのではなく、子どもについて話したいことを話す。そして、そこでは正しさを求めるのではなく、相手の話に耳を傾けつつ、自分の考えを丁寧に伝え合っていく。この時間が次の保育に向かうためには、非常に重要であったように思います。保育の仕事は忙しく、できる限り無駄な時間を省いて合理的に仕事を進めていかなければならないというのが現状でしょう。夜遅くまでダラダラ仕事をすることは翌日の保育において、よいこととは思いません。しかし、作るべき時間はきちんと作って、保育者間の関係づくりや、よりよい保育を目指すための努力をしていってほしいと思います。とくに、自分が先輩の立場になった時には、後輩や新人保育者の話に耳を傾け、ともに喜び、ともに悩みながら、支え合っていく関係づくりをしていく必要があるように思われます。

　すでにさまざまな形でこのような取り組みを行っている園は多いと思いますが、まだまだ語れる場が隠されている園もあるのではないでしょうか。日々の実践の中にある"語れる場"を大いに活用し、気張らずに自分たちの保育を語り合う時間を紡いでいくという努力をしていくことが大切なのではないかと思います。互いの保育に心を寄せ、互いに学び合っていくことが保育を語る上で一番大切なことなのだと思います。

＊本文中に出てくる保育者、子どもの名前はすべて仮名です。本章に出てくる事例は、園長先生および園関係者の許可を得て記載しています。また、佐藤先生とタクヤの事例は、2016 年 5 月からフィールドワークを行っている都内の保育所での記録の一部を抜粋したものです。

【引用文献】
・Donald A. Schon. *The Reflective Practitioner :How professionals Think in Action*, BASIC BOOKS, 1983、ドナルド・A・ショーン、柳沢昌一・三輪健二監訳『省察的実践とは何か プロフェッショナルの行為と思考』鳳書房、2007 年
・倉橋惣三『フレーベル新書 12 育ての心（上）』フレーベル館、1976 年
・佐伯胖『幼児教育へのいざない——円熟した保育者になるために増補改訂版』東京大学出版会、2014 年
・佐伯胖『共感——育ち合う保育の中で』ミネルヴァ書房、2007 年
・高杉自子『魅力ある保育者たち』ひかりのくに、1985 年
・津守真『子どもの世界をどうみるか——行為とその意味』NHK ブックス、1987 年
・津守真『保育の一日とその周辺』フレーベル館、1989 年

【推薦図書】
・高杉自子『魅力ある保育者たち』ひかりのくに、1985 年
・津守真『保育者の地平』ミネルヴァ書房、2006 年
・井桁容子『「ていねいなまなざし」でみる乳幼児保育』フレーベル館、2005 年

chapter 04 子どもからはじまる子育ての支援
～子も親も生き生きと輝く～

宮里　暁美

第1節　子育ての支援とは何か

1. あるお母さんとの出会いから思うこと

　以前勤務していた幼稚園でのことです。地域の親子を対象とした「遊びの広場」を開催することになり宣伝のポスターを園の外にある掲示板に貼っていました。画鋲の刺さりが悪くてこずっていると、じっと覗き込んでいる視線を感じました。ふりむくとそこに生後2ヵ月くらいの赤ちゃんを抱いたお母さんがいました。

　ポスターに興味をもっているという様子が伝わってきたので、「遊びの広場です。よかったらいらしてください」と声をかけてみました。すると、「こんなに小さい子も参加できますか？」という声が返ってきました。「大丈夫ですよ」と伝えると、うれしそうな顔になりました。「かわいい赤ちゃんですね」と話しかけると、「今日初めて外に出てみたんです」という答えが返ってきました。記念すべき散歩デビューの日だったようです。まだ若いお母さんの、何もかも初めてでドキドキしながら子育てをしている感じが伝わってきました。ゆっくりポスターを貼っていてよかったな、と思ったエピソードです。若いお母さんが抱く「ドキドキ感」は、わが子を育てることからきていますが、同時

に、親になったばかりの自分に対する戸惑いからもきているように思います。誰もがみな、親の初心者ですから。「遊びの広場」があると知ってもそこに参加するには勇気やきっかけが必要なのだということを、強く感じています。

2.「支援」と「応援」そして「子育て支援」

「支援」という言葉の意味は、「他人を支えたすけること。援助。後援」です。支援と似た言葉に「応援」がありますが、「応援」は、人やチームを元気づけて精神的に助けるという意味になります。労力や金銭などの面で助けるという意味を持つ「支援」とは異なる要素を持っています。

では「子育て支援」とはどういう意味なのでしょうか。「安心して子育てができる環境を社会全体で整備していこうという施策のことを指す」と言われています。「環境を社会全体で整備する」とは、どういうことを指しているのでしょうか。そこにはもちろん「労力や金銭面での援助」ということが含まれていますが、それだけではないように思います。「元気づけて精神的に助ける応援的要素」も子育て支援が果たす重要な要素だと私は考えます。

倉橋惣三の『育ての心』の中に「自ら育つものを育たせようとする心」という言葉があります。この言葉は、人が育つ上で欠いてはいけない視点を教えてくれているように思います。さらに倉橋は「自ら育とうとするもの」という言葉で、子どものことをあらわしています。人間は「育てられる」という受け身の存在ではなく、「自ら育とうとする」という能動的な存在なのだということです。「自ら育とうとする」ということは子どもにだけ当てはまることではありません。子どもを授かり親になった大人もまた、本当の意味での親になっていく過程において能動的であるということが重要なのです。子育ての主体は親です。親がしていく子育てを支援していく際にも、親自身の能動性を損なわないように気をつけたいと思います。

写真 4-1 を見てください。落ち葉を見つけたり枝を拾ったり、自分らしい歩みを楽しんでいる 2 歳になったわが子の様子を少し離れたところで、赤ちゃんを抱きながらお母さんが見守っています。穏やかで豊かな空気を感じません

第 1 節　子育て支援とは何か　99

写真 4-1　自然の中に入ると親も子もゆったりできる

か。

　小さな子どもの周りに思わず動きたくなる環境があり、ゆっくりとした時間があること。そのような中で、子どもの能動性が発揮されていきます。そのような動きを誘い出す関わりも幼稚園やこども園に課されている大きな役割だと考えます。

3. 幼稚園教育要領等の中にある「子育て支援」「子育ての支援」

　平成 29 年に告示された「幼稚園教育要領」「保育所保育指針」「幼保連携型認定こども園教育・保育要領」の中には、どのように子育て支援に関連したことが書かれているでしょうか。確認していきましょう。

　幼稚園教育要領に以下のような、子育ての支援についての記載があります。以下の通りです。

> 2　幼稚園の運営に当たっては、子育ての支援のために保護者や地域の人々に機能や施設を開放して、園内体制の整備や関係機関との連携及び協力に配慮しつつ、幼児期の教育に関する相談に応じたり、情報を提供したり、幼児と保護者との登園を受け入れたり、保護者同士の交流の機会を提供したりするなど、幼稚園と家庭が一体となって幼児と関わる取組を進め、地域における幼児期の教育のセンターとしての役割を果たすよう努めるものとする。その際、心理や保健の専門家、地域の子育て経験者等と連携・協働しながら取り組むよう配慮するものとする。
> （幼稚園教育要領「第 3 章　教育課程に係る教育時間の終了後等に行う教育活動などの留意事項」）下線筆者

　記載内容を整理すると、幼稚園は「地域における幼児教育のセンター」として関係諸機関や人材と連携・協働しながら以下の 4 つの役割を果たすことが期待されています。

○保護者や地域の人々を対象とした幼稚園の機能や施設の開放

○幼児期の教育に関する相談対応や情報の提供

○未就園児親子の受け入れ（親子広場など）

○保護者同士の交流の機会の提供

　これらのことは、すでに多くの幼稚園において実施されていると思われます。しかし子育て不安の増大が一層進む中で、「幼稚園の機能や施設の開放」や「子育て情報の発信」「未就園児親子の受け入れ」など、さらに一歩進めた実践が求められています。

　一方、保育所保育指針と幼保連携型認定こども園教育・保育要領における子育ての支援に関する記載は、ほぼ同じ内容となっています。幼保連携型認定こども園教育・保育要領の記載から、大切にしている子育ての支援の内容について検討します。

　1　保護者に対する子育ての支援を行う際には、<u>各地域や家庭の実態等を踏まえる</u>とともに、保護者の気持ちを受け止め、相互の信頼関係を基本に、<u>保護者の自己決定を尊重</u>すること。

　2　教育及び保育並びに子育ての支援に関する知識や技術など、保育教諭等の専門性や、園児が常に存在する環境など、<u>幼保連携型認定こども園の特性を生かし、保護者が子どもの成長に気付き子育ての喜びを感じられる</u>ようにする。

（幼保連携型認定こども園教育・保育要領「第4章　第1　子育ての支援全般に関わる事項」）下線筆者

　最初にあげられているのが基本的な3つの考え方です。

①各地域や家庭の実態等を踏まえること

②保護者の気持ちを受け止め、相互の信頼関係を基本に、保護者の自己決定を尊重すること

③幼保連携型認定こども園の特性を生かし、保護者が子どもの成長に気付き子育ての喜びを感じられること

　この3つに共通していることは、支援される側の意思を尊重していることです。画一的で一面的な支援ではなく、対話的な支援が求められています。「保護者の自己決定を尊重する」という言葉からわかるのは、支援を受ける親を受

け身の存在にしないことです。

　保護者の自己決定を尊重する子育て支援、子育ての喜びを感じられる子育て支援が求められています。保護者が単に支援を受ける側になるのではなく、園も保護者からの情報や思いを受けとめて「教育及び保育」に生かし、園と保護者が協力して子どもの育ちを支えていく関係を築いていくことが望まれています。本章では、100頁から子育て支援の実践例を紹介し、今求められている子育て支援の進め方の提案をしていきます。

第2節　子育ての現状と親の不安

　「子育て支援」について、子育て中の親が抱く不安の洗い出しや課題解決のための実践例を紹介し、「親も子も生き生き輝く子育て支援」の在り方について、まとめていきます。

1. 子育ての現状と親の不安
（1）仕事と子育てを両立しようとしている親の不安

　妊娠中のお母さんが保育園探しに奔走します。育児休業期間が十分にあるのにもかかわらず4月という年度の節目に合わせて少しでも早く職場復帰をしないと、預かってもらえる場所を見つけられません。少しでも倍率の低い地域を選んで引っ越しをするというケースもまれではありません。

　筆者は子ども園の園長を兼務していますが、入園を希望するお母さんと話していた時に聞いた話が忘れられません。「どこでもいい、この子を預かってくれる場所があれば。そう思ってきました。でもそんな姿勢でいいのかと疑問がわいてきたのです。どこでもいい、なんておかしいのではないか、と思ったのです。少しでもいい環境で育てたいと考えて、いろいろな園を見学しているのです」と、真剣な面持ちで語られていました。よりよい教育を受けさせたい、そして自分も社会で活躍したい。両方の願いが叶う状態には残念ながらなっていないのが現状です。

（2）家庭で子育てをしている親の不安

　では、子育てに専念しているお母さんに悩みはないのでしょうか。核家族化が進み地域のつながりも薄れる中、「子育て」が「孤育て」になってしまうという状況がおこりがちです。インターネット等を通じて情報は得ることができます。情報はあふれかえるほどだとも言えます。しかし直接に会話しない中での情報からは、本当の安心感を得ることはできないのではないでしょうか。私が勤務する園で子育て広場に参加したお母さんが「今日は久しぶりに他の人と話せてうれしかった」という感想をもらしたことがありました。慣れない子育ての大半を１人で担っているお母さんたちの不安は大きく、支えを必要としているのだと思います。

（3）子どもの育ちに関する不安

　子育て中の親は不安にとらわれがちです。わが子の体重の増減に一喜一憂したり、発達が順調に進んでいるかと不安になったりします。そばに相談できる人がいないと不安は増大していきます。また子どもの年齢が上がるにつれて新たな不安が生まれていきます。学校の勉強についていかれるだろうか、わが子は発達の偏りがないだろうかといった就学に伴う不安です。

　「小１プロブレム」という言葉が世の中に広がったのは今から 20 年ほど前のことです。全国の状況が調査され、幼稚園や保育園と小学校の幼小連携を図るプログラム開発が進みました。スタートカリキュラムやアプローチカリキュラムが導入され、実際の学校現場では滑らかな接続が図れるような努力が重ねられています。また特別支援教育も普及し、小学校入学時には保護者の要望に応じて個別の指導計画を作成して進学先に連絡をするということも行われるようになっています。このように、どの子も安心して小学校以降の生活に入っていかれる体制が整ってきているのですが、必ずしも親の安心につながってはいないようです。

　落ち着きがない様子が見られると「これって ADHD ですか？」と聞かれることがあります。一度言い出すとなかなか気持ちが切り替えられないわが子の

状態に困り果て「小学生になれないのでは」と相談されたこともあります。専門機関と連携し対応すべき場合もありますが、大半はお母さんの接し方を変えることで改善していきました。

　子どもの育ちに対して正しく心配すること、そしてふさわしい場所に相談し、適切な対応をすることが求められます。そのための支えはどのようにあったらいいのか、考えたいところです。

(4) 子どもの将来に対する漠然とした不安

　子育て中の親が抱く不安は、子どもの気になる行動といった具体的なことがきっかけになる場合もありますが、もっと漠然とした不安もあるように思います。未成年者の犯罪やいじめによる自殺などが起こると、大きく報道されます。目を覆いたくなるような少年犯罪が報道されればされるほど、小さい子どもをもつ親たちは真剣に見入ってしまいます。

　そのような事件の報道に出会った時に、親たちの胸にわき起こっているのは、悲しみや怒り、そして不安ではないかと思います。悲惨な事件の被害者にわが子がなるのではないかという不安の一方で胸に去来するもう１つの不安。それは、もしもわが子が加害者になってしまったらどうしようという不安です。それはほぼありえないことだと思いますが、そのようなことまで思い描いて不安になってしまう、それが、子育て中の親の心情ではないかと思うのです。

(5) 不安の中にある子育て

　(1)～(4) まで親が抱きがちな不安について考えてきました。これらの不安を抱く保護者の根本にあるのが、「よい親でありたい」という思いではないでしょうか。子どもの幸せを願う、必要な情報を熱心に集める、よいと言われることは何でもやってみようとするなど、「親」になると人は努力を惜しみません。ところがここで次なる課題が生じることとなるのです。それは、子育てとは思い通りにいかないことの連続である、という現実につきあたる、というこ

とです。「がんばって作った離乳食を一口も食べない」「どんなにがんばっても寝ない」等々、努力はむくわれないことが多いのです。

「ストレスが強くなる兆候は、自分の意のままにならないものを許容できなくなること」（汐見、2000：69）だと言います。子育てとは、まさに自分の意のままにならないことの連続です。そのことを受け入れる気持ちを持ち、おおらかな気持ちで行う必要があるのが子育てです。子どもを育てる中で、少しずつ親になっていきます。人が親になっていく、その手助けを、地域や社会が行っていくこと、それが必要な時代になっているのだと考えます。

写真4-2　絵を書くわが子のそばにいて

2. 子育ての希望を生み出す「子ども・子育て支援新制度」
(1) 少子化という重大な課題

子育てをする中で親が抱きがちな不安について考えてきました。就労の有無にかかわらず不安を抱きつつ子育てをしている親たちに寄り添い支えていくことは、日本の未来に光を灯すために、重要かつ解決しなくてはならない喫緊の課題だということがわかります。

図4-1のグラフは、「出生数及び合計特殊出生率の年次推移」をまとめたものです（厚生労働省HPより）。第1次ベビーブーム期には約270万人、第2次ベビーブーム期には約210万人あった出生数は、1975（昭和50）年に200万人を割り込み、それ以降、毎年減少し続けています。安心して子どもを産み育てられる社会の仕組みを作っていかない限り、出生率の低下を食い止めることは困難だと言われています。そのような中で誕生したのが、「子ども・子育て支援新制度」です。その概要について紹介します。

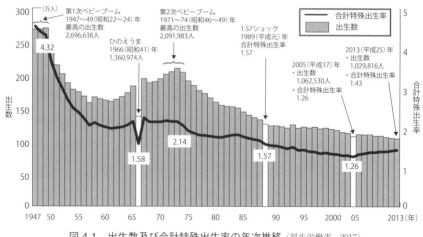

図 4-1　出生数及び合計特殊出生率の年次推移（厚生労働省、2017）

(2)「子ども・子育て支援新制度」の誕生

　子ども・子育て支援新制度とは、少子化の進行、待機児童問題、子育ての孤立感と負担感の増加等の現状と課題を踏まえ誕生した制度です。2012年8月に成立した「子ども・子育て支援法」「認定こども園法の一部改正」「子ども・子育て支援法及び認定こども園法の一部改正法の施行に伴う関係法律の整備等に関する法律」の子ども・子育て関連3法に基づき、2015年4月に全国の自治体で実施が開始されました。子育てを社会保障分野の1つに位置付け、増税した消費税を財源として実現しました。

　共働き家庭だけではなく、すべての子育て家庭を支援する仕組みであり、地域の実情に応じたさまざまな子育て支援を充実することを求めているところに特色があります。実施内容は次の3点です。

① 幼児期の教育・保育の総合的提供……幼稚園と保育所の機能を持つ認定こども園の普及
② 保育の量的拡大・確保……地域のニーズに応じ、認定こども園、保育所等の計画的整備
③ 地域の子育て支援の充実……在宅で育児をしている家庭も含め、地域のニーズに応じた多様な支援

①と②は、認定こども園や保育所等の普及に関することです。現在、都市部を中心に待機児童の問題が深刻化する中で小規模保育施設が新設されるなど量的拡大が進んでいます。同時に、量的拡大のみに重点が置かれていることを危惧する声も起こっており、質の保障を求める声も大きくなっています。

③からは、誰もが安心して子どもを産み育てる社会を作るために整備された制度だということがよくわかります。どの地域にも同じことが適用されるのではなく、地域ごとの特色に応じて必要な支援をしていく、そこに大切な意味があります。

次に、③の具体例として都市部を想定した子育て支援事業の例を紹介します。

《子育て支援事業の例》

○利用者支援事業

　教育・保育施設等や地域の子ども・子育て支援に関する事業などの利用について、情報の集約や提供、利用にあたっての相談・助言などを行う。

○放課後児童健全育成事業

　保護者が就労などにより昼間家庭にいない小学生の保育を行う。

○乳児家庭全戸訪問事業

　生後４ヵ月までの乳児のいる全ての家庭を訪問し、子育て支援に関する情報提供や養育環境などを把握する。

○養育支援訪問事業

　養育支援が特に必要な家庭を訪問し、養育に関する指導・助言等を行う。

○地域子育て支援拠点事業

　身近なところ（幼稚園、保育園、認定こども園、児童館等）で、気軽に親子の交流や子育ての相談ができる場所を確保する。

○一時預かり事業

　急な用事や短期の就労など、子育て家庭の様々なニーズにあわせて、保育園、認定こども園やその他の場所で一時的に預かる。

○ファミリー・サポート・センター事業

　子どもの預かり等の希望者と、援助を行う希望者との連絡、調整を行う。

○妊婦健康診査事業

　妊婦に対する健康診査として、健康状態の把握、検査計測、保健指導などを実施する。

第2節　子育ての現状と親の不安　107

ここにあげた例を見て気づくことは妊娠中から子育ての支援ははじまっている、ということです。保育園入園のための活動を指していますが、臨月を迎えるお母さんたちが、これから生まれてくるわが子のために熱心に「保活」をする姿が見られます。誰もが安心して子を産み育てられる社会を目指して、各地区でさまざまな支援が展開し、今後もさらに発展していくと思われます。

第3節　子育て支援の実践例——在園児保護者対象の子育て支援

　在園児保護者を対象とした支援について、筆者が勤務する文京区立お茶の水女子大学こども園（以下A園）の例を紹介します。

〈基本のコンセプト「つながる保育」〉

　A園は、平成28年4月に開園した保育所型の認定こども園です。認定こども園には、就労の有無にかかわらず在園することができるという良さがありますが、働いている保護者とそうではない保護者は顔を合わせる機会が少なく、一体感が持ちにくいという課題もあります。これは認定こども園ならではの課題です。

　この課題を認識した上で、A園では「つながる保育」を基本のコンセプトとし「地球とつながる・人とつながる・遊びがつながる・家庭とつながる・地域とつながる」の5つの側面から保育を組み立てることとしました。

　家庭とつながるために重点を置いたことは、「親も子もほっとできる園を目指すこと。常に子どもを真ん中に置きながら、保育を組み立てていくこと。そして情報の発信・受信の工夫、多様な保育参加の機会を通して、子どもへ向けるまなざしを共有すること」です。

　この「家庭とつながる」という視点は、本章のテーマ「親も子も生き生き輝く子

図4-2　A園「つながる保育」の図

育て支援」の具体例と言えます。Ａ園における取り組みを、○情報の発信と受信、○ワクワクデーという可能性、○親と職員で創り上げた夏祭りの３つを紹介し、子育て支援の在り方について検討していきます。

1. 情報の発信と受信

　子育て支援が園の一方的なものにならないために、保護者からの情報や思いを受けとめることが大切です。また、園の情報も保護者に開示することで、共通理解が進み、協働関係が築かれるきっかけが生まれます。

(1) 玄関は情報が行きかう場所

　玄関は重要な場所です。「おはよう」と出会い「さようなら」と別れていく場所、まさに出会いと別れの場所です。人と人の出会いはもちろんですが、情報との出会いも重要な要素です。掲示は１～２週間に一度位の頻度で変えていきますが、新しい掲示を貼っていると「何ですか？」と声がかかります。情報の新鮮度が重要なのだと気づかされます。

①玄関掲示の例

○健康に関する情報

　園内で感染症に罹患した子どもがいる場合には、その情報を掲示します。保健所から届いたポスターも掲示します。健康に関する情報を掲示する意味は、保護者も子どもたちに病気を予防するための行動化を促すことで感染を食い止めることです。情報には迅速さと正確さが求められます。

○食に関する情報

　給食を提供している園では必ず食品サンプルを展示します。食品サンプルを見ながら「おいしそうね」「おいしかったよ」と親子で話している姿をよく見かけます。食への喜びを広げる大切な時間です。

　産地や調理方法に関する情報は、さらに食への興味を広げるものとなります。保護者と保育者が語り合うきっかけも生まれやすいコーナーです。

○保護者用書籍貸出コーナー

　保護者が自由に借りることができる本のコーナーを設置してみました。

　子育ての本だけでなく、園芸や手芸の本、食事作りの本、小説なども置いてみました。保護者にもお勧め本があったらお知らせください、と声をかけたところ、何冊も本が集まりました。

○行事と子どもたちの育ちに関する情報

　園内で行われた行事（保護者は参加しなかった特色のある行事）の様子を紹介する掲示は、保護者の関心を引きます。その際に、「何をした」という事実だけでなく、その中で「何を体験し何が育ったのか」というところまで掲示したいものです。

②情報発信の意味に気付いた実践例

《ライフ×アート展の掲示》

　ライフ×アート展という展覧会に子どもたちの作品を展示しました。大学内の一室が展覧会場となり、4日間の会期中は保護者も自由に見学できるようにお知らせをしていました。ただ会場が開いているのは11時から17時という限られた時間でしたから、全ての保護者が見に行くことは不可能でした。

　最終日、展示品を撤収したとき、これをそのままにしておくのは惜しいという気持ちになりました。そこでそれらをそのまま園内に飾ることにしました。玄関の掲示板に、展覧会場に飾っていた写真や作品を飾っていると、ある保護者から「ライフ×アート展、行きたかったんですよ」と声をかけられました。

　ライフ×アート展開催の知らせを配っていたので関心を寄せてくれていたようでした。関心はあっても残念ながら時間がなくて行くことができなかった保護者だったようです。掲示物を興味深げに見入る保護者に、ライフ×アート展の様子を詳しく伝えながら、「見たかった」という思いをそのままにせず応えることができて本当に良かったと思いました。

〈この実践例からわかること〉

○保護者に対して「参加出来る方はどうぞ」という誘い方をした場合、全員が参加できるわけではない。その際に「本当は参加したかった」という声を聞き逃さずにつないでいくことが大切なのだと感じました。

○体験の内容について掲示することは、多様な在り方を認めつつ豊かな体験を

110　第4章　子どもからはじまる子育ての支援〜子も親も生き生きと輝く〜

共有していくことにつながる有効な策だということを実感しました。
○掲示をきっかけとして対話が生まれることに意味があると自覚し活用することで、きっかけ作りの機能が発揮されていくと思います。

(2) 保育の物語を伝えるクラス掲示（ドキュメンテーション）

A園では3〜5歳児のクラスでは、毎日、遊びの中で子どもたちが何を体験し、どのような育ちにつながったのかを保護者に伝えるためにクラス掲示を作っています。保育中に担任が撮影した写真をもとに構成していきます。この掲示の目的は、「今日あったことを伝える」ということにあります。

写真4-3　自然との関わりをまとめて掲示

ですから短時間で作成することが必須条件です。

複数担任制なので日ごとに担当者を決めます。そして短時間で今日はどのようなことで掲示を作ろうか、と相談します。担任間で相談をする過程で保育のふりかえりができる、という良さがあります。

落ち葉であそんだ日に、もみじの葉の微妙な色の移り変わりに気づいた子どもの視点に感動した担任は、そのことを中心においた掲示を作成しました。画像を取り込んだことが効果的に生かされた掲示になりました（写真4-3）。1日1枚作成することでクラスのアルバムができていきます。

(3) 子どもの成長を確かめ合う記録（ポートフォリオ）

0歳児〜2歳児の保育は、一人ひとりへのまなざしをもち、よりきめ細やかな対応が求められます。クラスの掲示も作成しますが、重点をおいて行ってい

るのが、子どもの成長を保護者と確かめ合うための記録（ポートフォリオ）です。2ヵ月に1度くらいのペースで1人ずつに作成します。写真と文字による記録で、その子の成長を追います。

　食事や睡眠、あそびの内容、人や物との関わりなどの視点で、その子の「今」を記録していきます。この記録は保護者に渡し、保護者からもコメントを記入してもらうようにしています。0歳児、1歳児というとても小さなころから在園する子どもたちの成長を丹念に追うこと、それを保護者と共有することに大きな意味を感じています。

2. ワクワクデーという可能性

（1）あそび心が大人をつなぐ

　認定こども園の課題としてよくあがるのが、多様な保護者が違いを乗り越えて親しくなっていくことの困難さです。こども園で過ごす時間に長短があっても、子どもたちは確実に重なる時間があり、違いを乗り越えて親しくなっていくことは、それほど難しくはないと思われます。しかし、保護者は送迎の時間が違うと顔を合わせることができず、親しくなるチャンスが得にくいのです。子どもたちが育つ保育の場は、保護者の理解と協力なしには成り立ちません。バラバラな存在としての保護者ではなく、心がつながっている保護者たちになることが必要だと思いました。ではどうしたら？　と考えた時に出てきたのが、「ワクワクデー」というアイディアでした。

　土曜日のキャンパス内を活用し、自由参加の親子活動を提案してみようと考えたのです。楽しさでつながる、ワクワクでつながろう、と考えたのです。年間6回開催。企画は園長が担当しボランティアによって運営、土曜日保育の子どもや保育者は参加しますが他職員の出勤は求めないことにしました。平日の勤務を守るためです。

（2）いろいろなワクワクデー

　平成28年6月に第1回目を開催。50組近くの親子が参加しました。期待の

高さがうかがわれました。子どもたちが大好きなダンゴムシをテーマとし、日本ダンゴムシ協会会長を招き、ダンゴムシを見つけたりレースをしたりしてあそびました。子どもと保護者が同じようにダンゴムシに見入っている姿は、とても感動的でした。ダンゴムシレースは大人が夢中になり、笑い声が響き合う会になりました。

写真 4-4　親子でダンゴムシ探し

　8月末、第2回目を開催。約30組の親子が参加。晩夏のキャンパスに出かけ、思い切り虫取りをしました。ゲストの日本昆虫協会の方と一緒に行う虫取り

写真 4-5　集まってきた親子たち

は、大人の心に火をつけたようです。感想を紹介します。
○子どもと楽しもうと思っていましたが、自分の方が夢中になって子どもが先に帰ってしまいました。
○久しぶりの虫取りは楽しかったです。はじめる前は少し虫が怖かったですが、いざはじめると夢中になっていました。
○ふだんはあまり意識していませんでしたが意外に多くの虫がいることに気づく機会になりました。とても楽しい時間でした。

　誰もがかつては子どもだったという言葉があります。保護者の中にある「子ども心」に火がつくと、保護者同士の距離が急に近くなるように感じます。心が開放されるからではないかと思います。

(3) 参加から参画へ

写真 4-6　氷の実験中

　ワクワクデーの取り組みをはじめた時から、「自分も何かやれそう」という声があがっていました。写真4-6 は、大学の研究者をしているお父さんが企画してくださったワクワクデー「氷を作くろう」の時の写真です。
　大学生が使っている実験道具を持ち込んでくれて、「氷の実験」に親子で取り組みました。ドライアイスで冷たい空気を作り、そこに空気を入れることで雪の結晶の赤ちゃんが誕生します。目をこらさなくては気づかないほどの小さな変化です。真剣な面持ちで空気を送り、そこにとても小さな結晶ができると「わー、できた！」と歓声が上がっていました。子どもの夢中が大人に移り、みんなで氷に注目するひと時を過ごしました。「ふだんはどういう実験をしているんですか」「なるほどね」と大人同士の会話もはずむ時間となりました。
　他にも、ボーイスカウトを手伝っているという家族の紹介で地域のボーイスカウトの方たちと一緒に野外で遊び場を作って遊ぶなど、さまざまな企画が生まれはじめています。

3. 親と職員がともに創り上げた夏祭り

　園の開設準備を行う中で年間行事について考え合いました。子どもたちにとって必要なことかどうかを選択の基準として、その中の1つに夏祭りがありました。計画に入れたとしても、どのようなお祭りにするのかという確かな像があったわけではありません。職員と保護者で創り上げることが重要だという思いから、計画段階では漠然とした状態にとどめていました。
　平成28年6月末、夏祭りの企画を考え合う時期になりました。7月最終の土曜日に行う夏祭りは教育活動外の取り組みです。家族で参加して楽しむことが

主な目的になります。そこで保護者からもプランを寄せてもらおうということになり、小さな「アイディアBOX」を玄関に設置しました。何もかも初めてでしたから、あまり期待せずに、とりあえず出してみたという感じでした。

写真4-7　ヨーヨーつり

ところが、数日後、驚いたことにステキな企画書が何通も入っていたのです。そこには「子どもたちに是非豊かな体験を」という願いが寄せられていました。職員の中からもやりたいことのアイディアが続々と出てきました。それぞれの特技を惜しみなく発揮し、オリジナルの音頭や踊りができていきまし

写真4-8　手焼きせんべい

た。保護者ボランティアも募集し、祭りのお面や魚釣りの魚、神輿の土台を作りました。そのような作業をしている時の保護者の手際の良さは格別でした。

祭りの当日は門の付近にこども園専有の広場ができ、そこにお店を出しました。集いの場所も作りマジックショーや歌を楽しんだりしました。人の賑わいと子どもたちの喜びが重なり、うれしい時間が生まれたのです。祭りを作るということは、大きな力になるのだということを改めて実感したのでした。

写真4-8は、七輪を使った手焼きせんべいのコーナーです。ふだんあまり目にしない七輪を使っていることが話題を呼びました。焼き立てのせんべいのおいしさはもちろんですが、それ以上にワクワクする気持ちが広がるきっかけになったように思います。

《在園児保護者対象の子育て支援のポイント》
○保護者の気持ちを受けとめ、保護者の自己決定を尊重するために
　園から発信を行うと同時に保護者からの発信に対してキャッチ能力を高める必要があります。そのために掲示物をきっかけとしながら、そこで立ち止まっている保護者を見かけたら声をかけるなど、対話的な関わりが効果的です。
○保護者が子どもの成長に気づき子育ての喜びを感じられるように
　ワクワクデーなどで親も夢中になってあそぶ体験をすると、保育者や他の保護者との距離が縮まるように思います。そして子どもたちが遊びの中で体験していることの意味を実感できる様子も見られました。共に楽しむという体験を積み重ねる中で、子どもたちの成長に気づき、子育ての喜びを感じられるようにしていくことが大切です。

第4節　子育て支援の実践例——地域の親子を対象とした子育て支援

1. はじめに

　平成28年4月に開園したA園では、開園から半年経った平成28年10月から子育て支援事業をはじめました。誕生したばかりのこども園でできることは何か、いつでも使える子育て支援専用の特別な保育スペースがなくてもできることは何かということを考えながらのスタートでした。その中で知恵をしぼり「今できることをやろう！　都会のキャンパスの中にあるこども園の特性を生かした地域子育て支援を実施しよう！」と考え取り組みをはじめました。

　A園の子育て支援の目的は下記の3つです。

①専門性を生かし子育て支援事業を実施する
②親にとっても子どもにとっても豊かでより健やかな成長が促進される子育て支援とはなにか考え、実践する
③区と大学が協働で設置したこども園としての特性を生かし、地域に開かれた子育て支援事業の内容の検討を行う

2. 子育て支援事業の全体像

　子育て支援事業の中には、多様な取り組みがあります。A園が行っている支援事業の全体像は以下の通りです。事業のタイプによって支援を受ける人の関

わり方に違いがあります。深く関わりたい人、少し様子を見たい人など、それ
ぞれの状況に応じるものがあることで参加意欲が高まります。子育て支援事業
が多様であることの意味はそこにあります。

表 4-1　A園子育て支援事業一覧

支援事業		内容	日程・実施場所	対象：人数
A	園見学 子育て相談	入園希望者及び園に関心がある保護者を案内し、園生活や遊びについて伝える。子育て相談も受ける。	園内 5月中旬から開始 毎週金 15：00 〜 （4月・8月休み）	出産前〜3歳未満児の保護者 5名程度
B	親子ひろば	地域の親子が園舎内・園庭・大学構内で遊ぶ。親子にとって安心できる遊びの場、語り合いの場をつくる。子育て相談も受ける。	保育室・園庭・大学内 月1回（5回まで）9：45 〜 10：45 ＊雨天時や、感染症の時期は中止	①5月1日現在 6か月〜1歳6ヵ月 …6組 ②5月1日現在 1歳7ヵ月〜未就園児 …8組
C	学びのカフェ	ちょっと一息、お茶を飲みながら子育てを語り合い学び合う。 テーマの例「子育ての話」「簡単おやつ」「季節の食事工夫」「乳幼児期のスマホ」「手作りおもちゃ」等	大学講義室 年7回	子育てに関心がある地域の方 12 〜 15 名程度
D	保育体験	親子で園生活や遊びを体験し、同年齢の園児と一緒に遊び、保育者の対応や言葉がけ等にふれる。子育て相談も受ける。	1歳・2歳児保育室・園庭、大学内散歩 9：45 〜 10：45 9月・10月・11月 ＊感染症の時期は中止	1歳児・2歳児親子 1日1組〜2組
E	子育て相談	A〜D実施時に必要に応じて相談を受ける。電話等でも受け付ける。	随時、受け付け	0歳児から就学前児の保護者

3. 親子ひろば〈おちゃっこひろば〉の実践

（1）おちゃっこひろばの実際

　こども園の1、2歳児が過ごす保育室で行います。在園児（1、2歳児）が外
に散歩に行っている時間帯の9時45分から10時45分の1時間が活動の時間

です。在園児たちが散歩に出かける準備をしている様子を廊下からそおっとのぞいて、子どもたちが名札をつけるなどの準備をしながら、はじまりの時間をわくわくしながら待ちます。広場の仲間にとっては、廊下も大切な集いの場になります。

　「てんとうむしひろば（0歳児対象：6～8組定員）」と「ちょうちょひろば（1，2歳児対象：8～10組定員）」の2つのグループを開いています。園のホームページや役所などにある子育て支援の情報を見て申し込んだ親子が月に1回園に来ます。5回連続で半年の間（Ⅰ期：5月～9月、Ⅱ期：10月～3月）、集います。

表4-2　各ひろばのプログラム例（大まかな活動の流れ）

はじまり	①名札をつける ②カードにシールを貼る ③はじまりのあいさつをする ④名前を呼ぶ（ぬいぐるみを使って、歌にのせて）
活　動	☆おもちゃであそぶ 　てんとうむし（0歳児）：音のおもちゃ、触るとおもしろいおもちゃ、乗る・動く・転がすおもちゃ等 　ちょうちょ（1～2歳児）：ままごと、パーティーを開く、電車・車で道を進む、ブロックをつなげる・高くする等 ☆季節をあじわう（構内の散歩、どんぐりひろい、虫探し等） ☆作ってみる（音のなるおもちゃ、クリスマスなどの飾り作り、新聞紙のボール作り等） ☆おかあさんたちのほっとスペースづくり（近況報告・子育ての話等）
おわり	①絵本、わらべうた ②あいさつ ③大学構内を歩いて帰る

（2）てんとうむしひろば（0歳児：6～8組）の様子と運営上の配慮や援助
①関係を育む

　初めて出会った日から子どもたちもお母さんたちも意気投合しました。部屋の中をハイハイしたり、お母さんに抱っこされながら出会いの時を味わいま

す。そばにある木製の電車に手を伸ばすと「あっ！」と友達の手も伸びてきて、自然とつながりができてきます（写真4-9）。

家とは違う場所だけれど、安心できる保育室の中で仲間に出会う喜び、子どもの動きそのものが出会いのきっかけになるように自然な動きを大切にしていきます。

写真 4-9 「はじめまして」

②お母さんたちのほっとスペースづくり

お母さんたちも丸い輪になっておはなしタイム（写真4-10）。「断乳どうしてる？」「虫よけって必要なのかしら？」「上の子の時は……」先輩ママからのアドバイスに「なるほど〜」とうなずいています。日々の生活で感じていること、情報は知っているけれどちょっと迷っていたことなどを語

写真 4-10 おはなしタイム

り合いの中で整理している様です。子育てがはじまってまだ1年目のママたちは何もかもが手探りで、仲間との語り合いが「応援のことば」になります。

それぞれに思うことや感じることが話せるように、担当者は聞き役になったり、お母さん同士をつないでいく役割をとります。

③新しいものとの出会い

みんなでシフォンの布をつなげて遊びます。優しい布が子どもたちを包み、親子とも笑顔で溢れました。「子どもと遊ぶのは楽しい！」と子どももお母さんも身体を動かして、気持ちも動いて、あたたかい雰囲気のひろばになりました。また、ある時は大型絵本『ぴよーん』を読むと……打ち合わせしていな

写真 4-11　布や絵本をみんなで楽しむ

いのに、「ぴよーん」と声を合わせ、わが子を抱き上げていました（写真 4-11）。子どもたちはちょっと驚きの顔をして、その後は大笑いです。

心も身体もフワッと軽くなるような、良質で開放感を味わえる新しいものとの出会いを大切にしていきます。その際、子どもたちの動きを規制することがないように、出会うものの量や材質、場に十分な配慮をしていきます。

④仲間といっしょ

さようならの挨拶をした後に、園の玄関外にあるベンチにぽかぽかのひなたを見つけたお母さん。そろそろミルクの時間だから「ここで飲んでいっていいですか？」と言ってミルクタイムがはじまりました。そこに3人の年長さんがやってきて「おきゃくさん？　おなまえは？」「あれ、みるく？　牛乳よりも黄色だね」「ほにゅうびんだね、重いのかな？」と話がはずみました。お母さんも思いがけない出会いに、にこにことうれしそうです。

こども園の子どもたちとのつながりやひろばの余韻を楽しみながら、「また今度！」と元気をおみやげにして家へ帰ることができるように、つながりを大切にしていきます。

(3) ちょうちょひろば（1、2歳児：8～10組）の様子と運営上の配慮や援助
①体験が広がる

節分の日はお母さんと新聞紙を丸めて豆を作り、豆まきを楽しみました。お

母さんと離れて鬼退治。お母さんと一緒も楽しいけれど、お母さんと離れて元気に豆を投げる子どもの姿にびっくりするお母さんたち。家では見せたことのないわが子の姿をお母さんたちは発見します。子どもが少しずつ社会とつながりはじめたことを感じる瞬間です。

ひろばでは無理にお母さんと離れさせるのではなく、親子で一緒に楽しく過ごす中で子どもが自発的に動き出すことを大切にします。自分から動き出した姿を見逃さず、担当者もお母さんと一緒に驚いたり喜んだりしています。

②みんなで創る大切な場所

おわりの集まりの時間に、みんなで絵本『へんてこへんてこ』を読みました。なんでも伸びてしまうという不思議な橋のお話に笑いがおこり、わが子の満足そうな顔を見てうれしそうなお母さんたちの姿があります。次の回、あるお母さんから「地域の図書館に行ったら子どもが『せんせーよんでくれたね』と、『へんてこへんてこ』を持ってきたんですよ。すぐに借りてしまいました」とうれしそうに報告されていました。ひろばの体験が家の生活やあそびの中にも広がっていきます。会が終わった後に「もう少し話したいなー」と思うような時は、1階の廊下や玄関先のベンチでおしゃべりしたり、絵本を読んだりとひろばの余韻を楽しみます。

ひろばでの体験が家庭や地域での生活につながっていったことを教えられ、逆に励まされる思いになります。「子育ての喜び」を共に感じられているということを実感する瞬間です。お母さんたちの自発的な姿を大切に受けとめていきます。

③季節を味わう

大学構内はどんぐりの宝庫。腰にポシェットをつけて探検に出かけます。落ち葉の道もみんなを出迎えてくれます。「気持ちいいね！　サクサクする！」

写真4-12　少しの時間でも楽しくすごす

第4節　子育て支援の実践例——地域の親子を対象とした子育て支援

写真4-13 キャンパス内を散策

とにぎやかな声が響きわたります。落ち葉のシャワーも降ってきました。

「バッタがいたよ！」「あ、いっちゃった」とがっかりしていると、同じ場所であそんでいたこども園の2歳児が「みて！」とやさしくつかまえたバッタを見せに来てくれました。お母さんは「すごいですね、上手に捕まえますね」とびっくりしながらも、感心した顔です。同じ年頃のこども園の子どもたちとの出会いもお母さんたちにとっては、子育てのヒントになることが潜んでいます。自然な形で出会い、関われるようにしています。自然との出会い、こども園の子どもたちや保育者との出会いなど、さまざまな出会いの中に、喜びや発見があります。季節を感じるということは、子育てに彩を与えます。戸外活動を積極的に取り入れていくことが大切だと考えています。

④関係の広がり　新たな子どもたちの姿の発見

　ままごとコーナーであそんでいた子どもたちの様子です。「おいしいごはんができました！」とお母さんとレストランごっこをしています。同じテーブルで仲間もおいしそうなおべんとうを作っていて、その隣にはジュースを持っている友達もいます。わが子が他の子の使っているものを取ってしまうのではないかと思うお母さんは、「それはおともだちのだから！　こっちよ」とハラハラしながら声をかけています。

　「大丈夫だと思いますよ」と話しかけると「公園や児童館であそぶ時には取り合いになってしまうので」とお母さんは心配事をぽろっと話しはじめました。「自分のしたいこと」が次第にはっきりしてきたわが子の姿に喜びながら、他の子との間でトラブルが起こりそうになるとどうしたらよいかと戸惑うお母さんの気持ちが見えてきます。その気持ちにまず寄り添うことからはじめます。

終わりの時間が近づいて、「こっちの大きなテーブルでパーティーをしましょう！」と場面を設定すると、みんながいろいろな遊具で作ったごちそうを持って集まってきました。パーティーのはじまりです。「かんぱい！」と子どもたちもお母さんたちも保育者もみんなで集まって、あっという間に賑やかなパーティーになりました。

あそびの中で子どもたちは仲間と一緒に過ごす楽しさを少しずつ体験しています。お母さんたちも同じ場にいて同じように喜び合います。こうして一人ひとりの成長だけでなく、ひろばの仲間たちみんなの未来へと、関わりが広がっていくように、あそびのつながりや関係のつながりを大切にしていきます。

⑤親子ひろばの実践からわかる子育て支援のポイント

お母さんも子どもたちも連続した5回の活動を通して、仲間や新しいもの（課題）と出会い、そのつながりが変化していくプロセスに気づいています。1回では得られない継続したグループならではの関係の変化に喜びを感じ、さまざまな体験をしています。

5回を終了する時には、名残惜しい気持ちを持ちながらも、お母さんと子どもたちは次の生活へ旅立ちます。それぞれのお母さんが5回をふりかえってみることで、子育てに対する気持ちの変化に気づき、ひろばで得たさまざまな関係の温かさを感じ、発見をして、次の一歩を踏み出す体験をすることが大切だと考えます。その応援をしていくことがおちゃっこひろばを運営する私たちの役割だと考えます。その際に大切にしている5つの視点と子育て支援のポイントについてまとめました。

《親子ひろばで大切にしている5つの視点》
・参加者と一緒に活動を創ること
・多様な参加者の関係を適度な距離感で育むこと
・あたたかな雰囲気・場所づくり
・親にとっても、子どもにとっても安心できるあそびや語り合いの場であり、新しい体験の場となること
・こども園の生活とゆるやかにつながりを感じること

第4節　子育て支援の実践例——地域の親子を対象とした子育て支援　123

《地域の親子を対象とした子育て支援のポイント》
○施設の開放や在園児との関わりから子育てへの希望がもてるように
　小さなわが子と一緒に一歩踏み出したお母さんたちにとって、何もかもが新鮮なようです。だからこそ子どもたちが過ごす園で行うことに意味があります。このような場で過ごしているのかということを見たり感じたりすることで安心感を抱いていくようです。
○楽しく遊ぶ場を提供し子育ての喜びを感じられるように
　物の取り合いなど他の子とのトラブル場面では、どうしても過敏に反応してしまうのが親です。その時、中立的な立場の保育者がいると双方の気持ちを受けとめながらよりよい状態に展開していくことができます。その関わり方を見て親も学びます。また笑顔で遊ぶわが子を見ることは大きな喜びになります。年齢に応じた遊びができる場を提供し皆が楽しめる状態を保つ援助をする保育者の役割は大きいと言えます。
○「同じ」という気持ちが持てる出会いがあるように
　子どもたちが落ち着いて遊びだしたら、短時間でも親同士で話す時間を作ります。どのような話題でも「同じ」という気持ちをもつことができます。親同士の関係が深くなりすぎないこと、誰も疎外されていないことが大切です。そのために一人ひとりの状態に目を配る運営者が必要になります。

第5節　親も子も生き生き輝く子育ての支援のポイント

　子育ての現状と課題、子育てを支援する仕組み、保育所保育指針などの法令、そして実践例の紹介を通して、親も子も生き生きと輝くための子育ての支援について述べてきました。最後に子育ての支援のポイントについてまとめます。

○対話的関係が人と人をつなぐ——発信と受信の工夫

　園から発信を行うと同時に、保護者からの発信を歓迎しているという意思表示をすることが大切です。保護者からの発信は、予想外のものがあったり、歓迎しにくいものもあります。それらも含めて、大切に受けとめていくことで何でも言える雰囲気ができていきます。受信力が試されています。

園からの発信については、個人情報の保護に十分留意しつつ、より具体的で伝わりやすい内容にしていく必要があります。掲示物をきっかけとしながら、そこで立ち止まっている保護者を見かけたら声をかけるなど、対話的な関わりが効果的です。発信から対話へ進む時、人と人がつながっていくきっかけが生まれるのです。

○保護者が子どもの成長に気づき子育ての喜びを感じられるように

　ワクワクデーなどで親も夢中になってあそぶ体験をすると、保育者や他の保護者との距離が縮まっていきます。心を開くきっかけは、「あそび」です。その「あそび」とは、ダンゴムシ探しやバッタを追いかけるなど、無心になって楽しめるものである必要があります。誰もが昔は子どもでした。親という立場を担っている人の内側にある「子ども」が命を吹き返した時、目の前にいるわが子のことがより鮮明に見えてくるということがあるようです。

　親も子も夢中になってあそぶ時間の中で、「子どもたちの成長に気づき、子育ての喜びを感じられるように」という子育て支援の目的が達成されていくのではないかと思います。

○「同じ」という気持ちがもてる出会いがあるように

　子育てひろばに参加された方が、「こんな風に大人の人と話す時間が今までなくて、とてもうれしい」と自己紹介で話した時のことです。その場にいたお母さんたちが、みんな「私も同じよ」と声をあげていました。赤ちゃんが生まれる前と生まれた後では一変してしまう生活。そのことに戸惑いながらも、お母さんたちは懸命に子育てをしているのです。小さな語り合いの時間があれば、自分は１人ではないと思えるでしょう。

　キャンパスの中にある園のため、子育てひろばでもよく散歩に行きました。道を歩いている時に、話が弾む様子が見られました。面と向かって相談するのは気づまりでも、歩きながらだと「うちの子ちょっと……」などと気軽に話しはじめられるようです。

○多様であることをよいと思える価値観が広がるように

　子育ては親育てという言葉があるように、子どもを育てる過程の中で、親と

して成長していきます。ぜひ育ってほしいと思う資質が「多様であることをよいと思える価値観」です。みんなと同じようにできないと不安になるのではなく、「わが子はわが子」と思える親になれるように、一人ひとりの在り方を尊重し認めていく姿勢を園が持つことがとても大切だと考えます。

　同様に親の多様性も大いに認めていきたいものです。「自分はこれでいいのだろうか」と、親としての自分にはなかなか自信が持てないものです。理想の親像を持ってしまっているからなのかもしれません。「理想の親なんていない、あなたは唯一無二の素敵な親ですよ！」ということをしっかり伝えていくことが必要なのだと思います。

【引用文献】
・幼稚園教育要領
・幼保連携型認定こども園教育・保育要領
・倉橋惣三『育ての心（上）』フレーベル館、1976 年
・汐見稔幸『親子ストレス——少子社会の「育ちと育て」を考える』平凡社新書、2000 年

【参考文献】
・小玉亮子『幼小接続期の家族・園・学校』東洋館出版社、2017 年
・宮里暁美『子どもたちの四季』主婦の友社、2014 年
・宮里暁美『できるよせいかつ 366』主婦の友社、2016 年
・長新太『へんてこへんてこ』佼成出版社、1988 年

【推薦図書】
・汐見稔幸『親子ストレス——少子社会の「育ちと育て」を考える』平凡社新書、2000 年
・柏木恵子『親と子の愛情と戦略』講談社現代新書、2011 年
・宮里暁美『子どもたちの四季——小さな子をもつあなたに伝えたい大切なこと』主婦の友社、2014 年

chapter 05 | 子どもからはじまる保育への夢

〈対談〉：浅見佳子・瀬川千津子・宮里暁美・横山草介

第1節　はじめに

　本書の第1章から第4章までは本書の執筆者たちが「子どもからはじまる保育」という視点から、それぞれ「思想」（第1章）、「実践」（第2章）、「眼差し」（第3章）、「子育て支援」（第4章）というテーマに沿って自身の考えをまとめてきました。最終章にあたる第5章では各章の執筆者が、それぞれの実践経験や考え、思いを持ち寄り、対談形式で「子どもからはじまる保育」について語り合います。

　本章では、将来、保育や教育の道を志す方々に向けてのメッセージとして、保育や教育の実践に携わる時に、あるいは、子どもと関わりを築いていく時に、本当に大切にしたいことは一体何なのか、ということをそれぞれの立場から語っています。このような内容上の特徴から、本章のタイトルは「子どもからはじまる保育への夢」としました。「夢」はそれぞれの人が抱くものですから、その意味では、決して保育者や教師の「あるべき姿」や「正解」を示すものではありません。本章を読み進めていただく中で、私たちの「夢」に触れていただくことができれば幸いです。

第2節　子どもからはじまる保育への夢

1. 子どもとの出会い

横山：先ほどこども園の保育室を見学させていただいた時に、子どもたちが散歩に出かけた時に出会ったものが写っている写真だったでしょうか、それを指さしながら私にしゃべってくれたのは「桃、亀、ブルドーザ、ウサギ」といった単語くらいだったんですね。でも、子どもたちの言葉に応じて「じゃあ、こっちはなあに？」「この桃、どこに落ちているの？」なんて会話を続けていくと「散歩で」とか「広いの」とかいろいろ教えてくれるんですね。私はなにも「亀がどこにいたのかみんなにもわかるように教えて」といった風に教室みたいに問い詰めたわけではなくて、お客さんの素朴な疑問として「この亀さん、どこにいたの？」って聞いただけなんですね。そうしたら、子どもたちも「これ、亀」って一生懸命、教えてくれようとしたんですよ。なんというか結局「どこにいたか」は、たいした問題じゃないんですね。ただ、伝えたいことを伝え合うやりとりというか、会話がつながっていく感じというんでしょうか。こういうやりとりって、自然でとてもいいと思うんですよ。

　子どもたちが散歩の写真を指さしながら自分たちの体験を「桃、亀、ブルドーザ」って教えてくれる。こちらはその話をもっと聞きたいと思う。だ

から「この亀さん、どこにいたの？」って聞くんですよね。こうした応答関係って、人と人とのすごく自然な関わりだと思うんですね。

　教育的関係という言葉で表現してしまうと、相互性がなくどこか主従関係があるような響きがしてしまうのでちょっと違うかもしれ

ないのですが……。

宮里：子どもたちは親切心で一生懸命に教えてくれようとしたんでしょうね。

横山：そういうとても自然なやりとりというか、相互的で対等な応答関係の中に「教育」の原点があると思うんですね。

宮里：そのやりとりの中には確かに「教育」があるといえるのかもしれないですね。

横山：人と人との間の無理のない自然なやりとりというものがまず基本にあって「保育士たるもの……」とか「教師たるもの……」といったことが最初にあるわけではない、ということですね。

宮里：子どもたちの「伝えたい」という気持ちを受けとめながら、こちらも素直に聞きたいことをたずねる、という関係性ですよね。

瀬川：子どもたちは自分が知り得る限りの言葉や身振り・手振りを総動員して、自分たちがした体験を私たちに伝えようとしていました。「桃」とか「亀」というたった一言なんだけれども、その時に子どもたちの目の前に広がっていた世界というか……。

宮里：「友達と一緒に出かけた場所にあった桃なんだ」ってね。もちろん子どもたちはそんなに詳しくは説明できないのだけれど。伝わってくるんです。

瀬川：相手に一生懸命に伝えようとする子どもたちの指が力強かったんですよ。「これ、桃」って。

横山：本当に単語一言や指先や表情ということだけなんですけれども、やっぱり伝わってくるものはありましたよね。

2. 子どもの思いを受けとめる

宮里：子どもが何かアクションを起こす時には、まずはじめに「気持ち」があります。その「気持ち」を誰かに伝えるために、今の自分の手持ちの知識や技術を総動員するんだと思います。私たちが「その子の気持ちを受けとめる」ということは、その思いを汲み取り、それに丁寧に応えていくことなんだと思います。

つい先日の話なんですが、「チョコレートの泡」を作りたいと言ってきた4歳の子がいました。石鹸から作った「泡」に絵の具で色をつけて、黄色や赤の泡など、いろいろな泡を作っていたんです。それを積み木の上にのせるとケーキみたいになることに気づき、それならばと「チョコレートケーキを作りたい」と言う子どもが現れたんですね。それで、どうしたらうまくいくか、いろいろと考えていたんです。

泥水をちょっと混ぜると、一瞬はチョコレートみたいになるけれど、時間が経つと分離してしまって何度やってもうまくいかないんですよ。ずいぶん長いことうまくいかなかったみたいなんですが、そうしていると、いろいろな子どもがアドバイスをしてくれるんですね。「もっときめ細かい状態にしてみたら？」とか「こうやればいいんじゃない」とか、良さそうなアイディアを出してくれる子どもが次々と現れる。そうすると本人もいよいよがんば

る。「チョコレートの泡が作りたい！」という気持ちにエネルギーがこもるんですね。

気持ちが高まっている時って、子どもは何回失敗しても、あきらめないんですね。このエピソードでも、いろいろと試行錯誤しているうちに、何かのタイミングでちょうどいい焦げ茶色の絵の具の液が手に入って、見事なチョコレートの泡ができたんです。そこからさらに面白いことがありまし

た。

　このクラスでは、泡を作り終えると、できた泡は、共有のタライの中に入れて、また新しい泡を作りはじめるというのが主流だったんですね。でも、先ほどのチョコレートの泡を作った子どもたちだけは、1回1回の活動の時に自分たちの作った泡をなかなか手放すことができなかったんです。ところが、ずいぶん長い時間をかけて苦労して仕上げたチョコレートの泡の時だけは、すぐにその泡をタライの中に空けてしまったというのです。そして、何度も、何度も、同じチョコレートの泡を作っていたというのです。面白い話だと思いませんか。自分たちの目標を達成できたとたん、そのモノを手放すことができるなんて。

瀬川：何回やっても成功する泡を作る、ということにあそびの目的が変わっていった、ということでしょうか？

宮里：何度やっても成功するということを、目の前で繰り返して確認したくなったのかもしれません。あれだけ苦労したあげくに作り上げた泡だから、本当にその方法でうまくいくのかどうか、何度も確かめたくなる。達成した途端に執着がなくなるというところが面白いなあ、と思ったんですね。

　この活動に寄り添った先生は、まだ2年目の先生でしたけれども、子どもたちのふるまいをそこまで見て取ったところがすごいですよね。思い通りの泡ができないでいる間は、なかなか手放せない。でも、思い通りの泡ができた途端に、何度もそれを再現してみようとして、パッと手放せた。そこをとらえた先生がすごいな、と思いました。

3.　子どもは子どもから学んでいる

宮里：この泡づくりの活動でもう1つ注目したいことがあります。それは、活動に必要な知識や技能って一体どこからもたらされたの、っていうことですね。実際、かなりのことが友達からもたらされていたんですね。もちろん、自分自身で試行錯誤を重ねる中で見つけていくこともありますし、友達からの情報が的外れということだってあるわけですが。

浅見：友達同士の関わりあいの中で、お互いに与え合う、ということですよね。実際、先生が子どもたちから与えられることもたくさんあります。今のチョコレートの泡づくりのエピソードの中で、子どもたちの活動を育んでいたのは「子ども同士の関わりあいだった」というお話がありました。この部分は、子どもたちの活動を育むのは保育者や大人だと考えてしまいがちな若い方々にとっては、戸惑いを覚える部分かもしれません。「保育者が教えないといけない」「保育者が伝えないといけない」という義務感にしばられている可能性があります。

宮里：保育者や大人がちゃんと導いてあげなくてはいけない、という考え方にとらわれると、自分が思い描いている子どもの姿、期待する子どもの姿に、子どもたちを近づけようとしてしまいます。子どもたちを理想の姿に近づけるためには、どういう言葉かけや働きかけが最適だろうか、ということに関心がいってしまうんですね。

　　そんな風に考えをせばめなくても、子ども同士の関わりあいの中で生まれるものが自然と大切な学びになるし、子どもの「やりたい」という思いもしっかりとお互いの関係の中で支え合えているのではないかと思います。

4．育ちの主体は子ども

浅見：保育者を目指している若い方々と話をしていると「子どもは教えてあげないといけない」という言葉をよく耳にします。「どうしたら子どもにわかってもらえるか」についてのうまいノウハウを身につけることが目標になってしまっているようなことがあります。

　　子どもは自分がちゃんと育てなくてはいけない存在だと思い込んで、失敗のないように教育や保育をしなければ、という義務感に駆られてしまうようなんです。このような考え方がまったく間違っているというわけではないかもしれませんが、子ども同士の関わりあいの中で、子どもの興味の向かう先から、子どものその時々の思いから出発する、ということを、保育士を目指す若い人たちに伝えていく必要はあると思っています。

横山：今、おっしゃられたことは、まさに倉橋惣三が『育ての心』の中で、「自ら育つものを育たせようとする心」と呼んだところと関係するような気がします。「自ら育つものの偉大な力を信頼し、敬重する」という部分ですね。この言葉の意味は、保育や教育の道を志す若い方々には、ぜひ心に留めておいてほしいな、と思っています。

宮里：「自ら育つものを育たせようとする心」、つまり「育ての心」の精神というものが保育や幼児教育の全体を包み込んでいるというイメージですよね。「育ちの主体は子どもだよね」ということを、現場でも繰り返し確認していかないと、だんだんと方向が違ってきてしまいます。「先生が頑張るのではない」ということ。ここが大事ですよね。先生という人はとかく頑張ってしまうし、頑張らなきゃ、って思ってしまう。自分がどうにかしなきゃいけない、と思ってしまう。そして、子どもたちを上手にコントロールできない、といって落ち込んでしまう。そこで大きくズレしてしまう。

浅見：私が3歳児の担任をしていた時にこんなことがありました。配慮の必要なお子さんをお預かりしていたクラスで、部屋中に広げた大きな模造紙に「手形の旗を作ろう」ということになって制作活動をしました。みんなが「できあがった！」と声を上げた瞬間に、その子が「ダーッ」と真ん中に走り込んできたので、私は思わず「アサオ君！ みんなが作ったものなんだよ。だからここでは走っちゃダメだよ」って止めたんですね。その時、ある男の子が「アサオ君は足でやりたいんだよ。足に絵の具をつけてあげて。僕たちがやったのの上を走っていけば、クラスの旗になるんじゃない？」って言ったんですね。私は「アサオ君の気持ちを考えずにごめん！ みんながせっかく作ったのにって思っちゃって……。ヨシオ君ありがとうね」と深く反省したことを覚えています。

それでアサオ君は足の裏に絵の具をくっ

つけて好きなように走り回ったんですよ。「アサオ君は部屋中に広がる紙の上を走りたいんだよ」とヨシオ君が教えてくれた時、誰一人、それに対して不満を漏らす子はいませんでした……。私だけが「アサオ君それは……」って思ってしまったんです。

　今思い返しても、この場面にはすべてが含まれていたと思います。思いやりとか、考える力とか……。別に手じゃなくても、足でしても、彼がそこに参加できればいいじゃないと。新しいアートの世界が広がるかもしれないと。こういう可能性って、日常の中にあふれているのに、結局、私が止めてしまっていたんですね。可能性の芽を摘んでしまった。この出来事の後、すごく反省して、私自身の実践も変わっていったように思います。

　こんな経験があるので「これはいけない」という思いが強くあって、保育や教育の道を歩もうとしている方々には、保育者としての援助の仕方について過信があってはいけない、ということをいつも心に留めています。私たちはついつい保育者という立場を気負って、子どもの姿を見下ろす目線になりがちです。私は先ほどの反省を背負って子どもたちに関わってきたところがあるように思います。

5. 保育者と子どもの双方向の関係性

瀬川：私たちはどこかでは「保育者の眼」を通して子どもの姿を見る、ということをしていると思うのですが、そのまなざしというか、どういう風に子どもの姿を見るのか、ということが重要になってくる気がします。

宮里：静岡大学の附属幼稚園で初めて担任を受け持った時に、私には保育者が主導するということに対するためらいがありました。「子どもから」ということを狭く理解していたのかもしれません。こちらから子どもに何かを投げかけるということに、保育者の側から子どもに何か働きかけるということに対してためらいがあるということを当時副園長先生をされていらした藤野敬子先生にお話ししたんです。その時に、すごくいいアドバイスをいただきました。「あなたが何かを提案したとして『いやだ』『いいよ』と言えるそうい

134　第5章　子どもからはじまる保育への夢

う関係が子どもたちとの間に築けている限り、何だってやればいいのよ、そんなにビクビクしないで」って言われたんですね。「そうか！」とまさに目からウロコでした。

　的確な援助というのももちろん大事だけれども、子どもが「この先生は、自分が思いついたことを、とてもよろこんで、面白がってくれる人だ」と思ってくれる関係を築けることが大事なのではないでしょうか。

　子どもたちを連れて、散歩や遠足に出かける時にうしろ向きで歩いていたら電柱にぶつかりそうになって、子どもから「先生、前を見て歩きなー」って言われちゃったり（笑）。こういう場面で笑えるのは藤野敬子先生からいただいたアドバイスが生きているのだと思います。改めて、素敵な先生に出会えたのだなあと思います。

　先ほどご紹介くださった旗づくりの話ですが、ヨシオ君はアサオ君との日々の関わりの中から「アサオ君は足でやりたいんじゃない？」ということに気づいたんでしょうね。同時に、「先生は違う援助の方向を考えている」ということにも気がついた。ヨシオ君はそこで「あの先生はきっとわかってくれる先生だから、自分の思っていることを素直に先生に伝えてみよう」と思ったのではないかと思います。

　このような場面に遭遇した時、子どもが大事なことに気がついたり、思いついたりしていても、「先生なんですよ！　私は！」って退けてしまう先生もいると思うんですね。

浅見：藤野先生のお話を伺って、私の恩師の佐伯胖先生も同じようなことをおっしゃっていたことを思い出しました。「保育者が提案をしちゃいけないということではないんだ」ということです。子どもが保育者の提案を却下しても大丈夫な関係性というか、「先生からの提案を退けても大丈夫なんだ」という安心が保証されている中でならば「実は先生、こんなに楽しいことを思いついちゃった」と言って、どんどんといろいろな提案をしていけばいいんだ。私自身もそういう保育を心がけてきたとは思います。

瀬川：自分自身が必ずしもよい保育者ではなかったという自省の気持ちがある

からこそ自分を高めていけるし、将来、保育の道を目指している方々に伝えたいことが出てくるのかな、と思います。誰だって最初から熟練の技を身につけているというわけにはいきませんから、日々の子どもや同僚との関わりを通して少しずつ学んでいけばよいわけですし、関わりあいの中で発見されることや、見えてくるものもたくさんあります。

　むしろ私は、関係が一方向的になることの怖さを感じています。保育者から子どもへという矢印が一方向的になることもそうですし、反対に、子どもから受け取るばかりになることもよくないと感じます。子どもたちの活動やあそびがより楽しくなる可能性や、子どもにとっての新たな発見の可能性を予感する時に、先生がほんの少し子どもが自ら動き出すことができるような提案や働きかけをする……。大人と子どもとの関係ですから、まったく対等というわけにはいかないのかもしれませんが、お互いがやりとりを交わす関係が対等であるか。そこが大事になってくるのではないでしょうか。

横山：先ほど、「ノー」を言える関係の中での提案は、どんどんしてよいのではないか、というお話がありました。これは、相手が大人であっても、子どもであっても、相手との間に対等でフェアな関係を結ぶということではないかと思います。子どもをひとりの人間として、一人格として尊重し、対等な立場にある存在として関係を結ぶ。そういう関係が築かれていれば安心して「ノー」も言えるし、逆に「イエス」にも乗っていきやすい、ということではないでしょうか。

浅見：「先生、こんなことやってみたい」と子どもが提案してきた時に、一緒に取り組んでやってみることがあると思います。その時に、先生が思った方向と全然違う方向に活動が展開していくこともあると思います。その時に

「まあ、いっか」「今回は、子どもに付き合い尽くそう」と思えることも大事なのではないかと思います。

　反対に、もともとは保育者が提案した活動であっても、子どもが先生の指示通りにやっていくのではなくて、自分なりにアレンジを加えて、自分のものにしていくという過程があると思います。そういう意味では「きっかけは先生から」という事例もたくさんあると思います。大事なのは、先生の提案した通りにしなくても大丈夫、自分なりに展開していっても大丈夫という安心感が、きちんと子どもとの関係の中に築かれているかどうか、ではないでしょうか。

瀬川：そう考えていくと、保育者の側から子どもに与えることに、そんなに臆病になる必要はないのではないかと思います。もちろん、子ども同士の関わりあいの中で発見されることや、展開していくことを大切にする姿勢は重要だと考えますが、保育者が子どもたちにいろいろな提案を投げかけていくこともあってよいのではないでしょうか。肝心なことは、提案を断ってもよいという関係が築けていることだと思います。

浅見：ただ、「ノー」が言える対等な関係性というものは、はじめからあるわけではないですよね。これは、毎日の関わりあいの中で、お互いに築きあげていくということだと思います。

6. 子どもの成長に寄り添うということ

横山：少し話が変わってしまいますが、小学校の生活というと国語、算数、理科、社会……という教科の枠組みをイメージされる幼稚園や保育所の先生方もいらっしゃることと思います。「遊び＝学び」のイメージが、「遊び／学び」のイメージに変換されることを憂う先生方も多いのではないでしょうか。私が小学校で教鞭をとっていた時に、倉橋惣三の考え方をどのように小学校の生活の中に取り入れていけばよいか、考えをめぐらせたことがあります。

最終的に考え至ったのは、生活単元学習や、プロジェクト型の授業といった

第2節　子どもからはじまる保育への夢　137

提案とは少し違うところでした。もっと素朴なところで「子どもたちと双方向の自然な会話をするように心がける」ということでした。何か教科の内容を教えるという場面でも「教える人」と「教わる人」というのではなくて、相手との自然なコミュニケーションの形を心がけていました。最初に話題にあがった「桃」、「亀」、「ブルドーザ」をめぐる会話のような関係を子どもたちとの間に築いていきたいと考えていたように思います。果たして十分に実践できていたかどうかはわかりませんが。

　たとえば「この問題の文章、何かわかりにくい」「そうかな？　先生、結構わかっちゃうんだけど、おかしいかな」とか。「ごめん。先生、この問題の意味がわからないんだけど、これってどういうこと？」「先生、だからこれはぁ」なんていうやりとりでしょうか。そういうやりとりって実は結構楽しい時間だったりして、そんなことを大事にしていたような気がします。

　健康や安全のこととか、友達を傷つける言動についてとか、ごまかしや嘘とか、そういうことについてはしっかりと自分の価値観を子どもたちに伝える必要があると考えてきました。その裏側で、相手を対等な存在として見るということはやっぱり大事なことなんじゃないかと思います。倉橋の思想は、そのことを教えてくれたように思います。

　「遊び＝学び」のイメージから「遊び／学び」のイメージへ、ということがあながち間違いではないとすると、幼稚園・保育所・こども園と小学校とでは異なる制度的、文化的実践の中に子どもを迎え入れることになると思うんですね。けれども、子どもの成長に相対する１人の「わたし」としてのあり方については、倉橋の思想から共通して学び得ることがあるように思ったんです。つまり、保育者であっても、教師であっても、まずは対等な立場にある１人の人間として相手を尊重し、関わる姿勢を大切にする。そこが出発

点ではないかと思います。

宮里：小学校で倉橋惣三というと、珍しかったのではないですか？

横山：そうかもしれません。大学で幼児教育と初等教育を両方学んでいたことが幸いしたと思っています。倉橋の文章は当時の文体で書かれていますので、私が学生の時にも少し読み難いと感じた覚えがありますが、今になってみると、保育や教育の道の志す方々にはぜひ一度手にとって読んでほしいなと思います。

浅見：今こそ倉橋を読み直そうという主張をされている方もいらっしゃいますよね。

第3節　倉橋惣三の「育ての心」

最後に本章の対談の中で繰り返し言及のあった倉橋の『育ての心』の序文の部分を紹介しておきましょう。

　自ら育つものを育たせようとする心。それが育ての心である。世にこんな楽しい心があろうか。それは明るい世界である。温かい世界である。育つものと育てるものとが、互いの結びつきに於て相楽しんでいる心である。

　育ての心。そこには何の強要もない。無理もない。育つものの偉(おお)きな力を信頼し、敬重して、その発達の途に違うて発達を遂げしめようとする。役目でもなく、義務でもなく、誰の心にも動く真情である。

　しかも、その真情が最も深く動くのは親である。次いで幼き子等の教育者である。そこには抱く我が子の成育がある。日々に相触るる子等の生活がある。斯うも自ら育とうとするものを前にして、育てずにしてはいられなくなる心、それが親と教育者の最も貴い育ての心である。

　それにしても、育ての心は相手を育てるばかりではない。それによって自分も育てられてゆくのである。我が子を育てて自ら育つ親、子等の心を育てて自らの心も育つ教育者。育ての心は子どものためばかりではない。親と教

育者とを育てる心である（倉橋、1976、p. 8）。

　「相手を育てる」ことに一生懸命になりがちな時に、ふと立ち止まって、目の前にいる子どもたちに「自分も大いに育てられているのだ」という考えを持ってみてはいかがでしょうか。育ての心は、相手を育てるばかりではなく、それによって自分も育てられてゆく。この両義性の中に「保育の夢」が抱かれるのかもしれません。「保育の夢」は、いつの時代にも必要です。倉橋の文章は今なお、そのことを私たちに思い起こさせてくれるような気がします。

【引用文献】
・倉橋惣三『育ての心（上）』フレーベル館、1976 年

索　引

あ　行

あそび　42
　　——の進展　52
　　——のはじまり　42,43
　　——の広がり　52,54
一人称的アプローチ　26,28
応援　99
応答（response）　26
お母さんたちのほっとスペース　119
教え—教えられる関係　67
大人主導の保育　67
大人の願い　68
同じという気持ちがもてる出会い　125
思いつき　51
思いを育むまなざし　68
面白いあそび　51
親自身の能動性　99

か　行

語り合う関係　93
環境の構成　52,62,65
観察するまなざし　76
環世界　10,11
関与（engagement）　26
機会の捕捉　16
期待される子ども像　77
共感　18,31
共感的なまなざし　77

興味や関心　62,65
クラスのアルバム　111
倉橋惣三　13,68,99,133,139
言語行為　23
行為の中の省察　77
好奇心に応答する　58
肯定的なまなざし　72,93
心の理論　27
心もち　19
　　——の共鳴　17
子育て支援事業　107,116,117
子育ての支援　98,100,101,124
子育ての主体　99
子育ての喜び　121
　　——を感じられる子育て支援　102
子育て不安の増大　101
子ども・子育て支援新制度　105,106
子どもからはじまる保育実践　62
子どもからはじまる保育の世界　12
子どもたちの育ち　64
子どもの意図　62
子どもの姿　40,41
子どもの姿・楽しんでいること・思い　44〜49,
　　52〜54,57
子どもの姿を語り合う　86
子どもの中に入っていく姿勢　69
子どもの能動性　100
子どものプラン　63
子どもを見るおとなの目　74

141

さ　行

支えとなる保育　71
作用世界　11
三人称的アプローチ　26
三人称的観察者　23
支援　99
自己決定　68
実践をふりかえる　59
自分の最善　63
シミュレーション説　27
社会規範　48
受動的な活動　68
受動の活動　17
受用の教育　17
状況と対話する　77
情報の新鮮度　109
ショーン　77
身体的行為　23
生命的応答　20
相互的な関係　91
育ちを見る　41

た　行

対話的な関わり　116,125
対話的な関係　84
対話的な支援　101
達成するための保育　41
他者の最善　63
多様であることをよいと思える価値観　125,
　126
知覚世界　11
つながる保育　108

津守真　19,91
でかけ保育　15,36
道具的行為　23
同僚との信頼関係　92
ドキュメンテーション　111
特別支援教育　103
ともにの保育　83

な　行

二人称的関与者　23
二人称的アプローチ（second-person approach）
　26
ねらい　40,41,62,65

は　行

評価するまなざし　86
文化的実践　35
保育者　67
　――の専門性　83
　――のまなざし　67,68
保育実践　40
保育所保育指針　40
ポートフォリオ　111
保護者の自己決定　101
　――を尊重する子育て支援　102
没頭する姿　41

ま　行

学びのドーナッツ論　33
身につけさせるための保育　41
見守る　54,55,58,70,84
無案保育　15
向かい合うまなざし　76

夢中になってあそぶ体験　116,125

や・ゆ・よ行

ヤーコプ・フォン・ユクスキュル　10

よい親でありたい　104

幼保連携型認定こども園教育・保育要領　40

幼稚園教育要領　40

横並びのまなざし　76

ら行・わ行

レイチェル・カーソン　64

私とあなたの関係　94

執筆者紹介

浅見　佳子（あさみ　よしこ）（はじめに、第3章）
相模女子大学学芸学部子ども教育学科准教授。
青山学院大学第二文学部教育学科卒業。同大学院社会情報学研究科博士前期課程修了。修士
　（学術）。都内私立保育所保育士、都内私立幼稚園教諭、同主任教諭、駒沢女子短期大学保
　育科講師を経て平成28年4月より現職。

瀬川千津子（せがわ　ちずこ）（第2章）
貞静学園短期大学保育学科講師。
青山学院大学第二文学部教育学科卒業。田園調布学園大学大学院人間学研究科子ども人間学
　専攻修了。修士（子ども人間学）。明治乳業株式会社東京支社乳品販売部普及指導員栄養
　士、文京区内私立幼稚園教頭を経て平成29年4月より現職。
（主要著書）『幼稚園保育所運営トラブル事例集』第6章-1（2001）、第7章-1（2012）（第
　一法規、共著）、「ピコロ・カリキュラム」『ピコロ別冊付録』（学研、2013年、共著）。

宮里　暁美（みやさと　あけみ）（第4章）
お茶の水女子大学アカデミック・プロダクション特任教授・文京区立お茶の水女子大学こど
　も園元園長（平成28年4月開設）。
お茶の水女子大学家政学部児童学科卒業、国公立幼稚園教諭、お茶の水女子大学附属幼稚園
　副園長を経て十文字学園女子大学幼児教育学科教授として2年間保育者養成に携わる。平
　成28年4月より現職。
（主要著書）『子どもたちの四季——小さな子をもつあなたへ伝えたい大切なこと』（主婦の
　友社、2014年）。連載「子どものまなざし　親のまなざし〜オンリーワンのあなたと赤ちゃ
　んに届ける12か月のメッセージ」『月刊 赤ちゃんとママ』（赤ちゃんとママ社、2015年5
　月号より連載）、『できるよ！せいかつ366（頭のいい子を育てる）』（主婦の友社、2016年、
　監修）、『幼小接続期の家庭・園・学校』（東洋館出版、2017、共著）「保育する私にとって
　倉橋惣三があることの意味」『発達』vol.152（ミネルヴァ書房、2018）

横山　草介（よこやま　そうすけ）（第1章、第5章編集）
東京都市大学人間科学部准教授・同大学院総合理工学研究科准教授。
青山学院大学大学院文学研究科教育学専攻博士前期課程修了。修士（教育学）。同大学院社
　会情報学研究科博士後期課程修了。博士（学術）。大正自由主義教育運動の流れを汲む小
　学校での教員生活を経て現職。
（主要論文）「「意味の行為」とは何であったか？：J. S. ブルーナーと精神の混乱と修復のダ
　イナミズム」『質的心理学研究』第17号（2018年）、「ナラティヴの文化心理学：Bruner
　の方法」『質的心理学研究』第14号（2015年）、「ナラティヴの重奏化による現実の生成」
　『質的心理学研究』第12号（2013年）。

装幀・デザイン：横山 史

子どもからはじまる保育の世界

2018 年 4 月 25 日　初版第 1 刷発行
2022 年 4 月 25 日　初版第 2 刷発行

著　者　　浅 見 佳 子
　　　　　瀬 川 千津子
　　　　　宮 里 暁 美
　　　　　横 山 草 介

発行者　　木 村 慎 也

印刷　新灯印刷／製本　川島製本所

発行所　株式会社 北 樹 出 版

http://www.hokuju.jp

〒 153-0061　東京都目黒区中目黒 1-2-6
TEL：03-3715-1525（代表）　FAX：03-5720-1488

ⓒ 2018, Printed in Japan　　　　　ISBN　978-4-7793-0564-1

（乱丁・落丁の場合はお取り替えします）